精准表达

闫 然◎著

中国商业出版社

图书在版编目（CIP）数据

精准表达 / 闫然著. -- 北京：中国商业出版社，2019.9
ISBN 978-7-5208-0894-1

Ⅰ.①精… Ⅱ.①闫… Ⅲ.①语言艺术 Ⅳ.①H05

中国版本图书馆CIP数据核字(2019)第196274号

责任编辑：朱丽丽

中国商业出版社出版发行
010-63180647　www.c-cbook.com
（100053　北京广安门内报国寺1号）
新华书店经销
三河市宏顺兴印刷有限公司印刷
*
880毫米×1230毫米　32开　6印张　130千字
2019年11月第1版　2019年11月第1次印刷
定价：39.80元
****
（如有印装质量问题可更换）

序

话，几乎人人都会说，但精准表达，却未必人人都能做到。

精准表达有什么意义？为何要大力推崇？弄清楚了这个核心问题，也就知道了阅读本书的价值所在，以及接下来该如何做。

说话能力，是人的各种能力当中，最能体现一个人的才干、见识、智慧和水平的标志。如果一个人说话水平不高，那他就不能很好地驾驭自己的思想和感情，也不能很好地处理各种事情和各种情况下的人际关系。反过来，谁具备了高超的语言表达能力，谁就在社会舞台上获得了极大的成功优势。不夸张地说，说话能力在一定程度上决定了我们的人生之路是顺畅还是坎坷。

说话能力是有巨大层次、水平差异的。层次、水平高的人高屋建瓴，说话铿锵有力、掷地有声、一语中的；而说话层次、水平低的人表达起来吞吞吐吐、语焉不详、词不达意，甚至不着边际，乱说一气。

在高低两类人群表达能力的巨大差别中，有一项特征十分明显，那就是表达的精准度。话，首先一定要说得精准，才可能准确达意，让人心领神会，起到你想要的效果。如果做不到表述正确、精准，心里想的是"此"，话出口却让人误会了"彼"，岂不是南辕北辙！又如何能让人清楚理解，更别奢望心领神会。

精准表达是将话说好、说对的一个非常重要的前提，无论何时、何地、何人，语无伦次、颠三倒四、词不达意，都是表达的大忌，都无法获得满意的沟通效果。

可见，精准表达是现实交际生活的客观需要，一个不懂得、不会精准表达的人，势必在现实人际关系中沟通不畅，处理事情不当，人际关系紧张，生活、事业失去平衡，自己心灵受创，身心俱损。

精准表达看起来容易，但要真正做到却很难，因为它涉及多个方面内容，既要修炼外在，又要锤炼内心，内外兼修，才能真正把话说得精准恰当。

本书从表达的方式、心理、语言、对象、场域等方面对如何精准表达进行了全方位的剖析和解读，力求将表达的内涵完全展现出来，以利于掌握和运用。

语言的力量是无穷的，而高超的说话水平则更是不可估价的。拥有出类拔萃的说话水平，自会助你拥有令人羡慕的成功人生！

目录

第1章　顺畅表达，字正腔圆打动人心

说话如弹琴，表达似流水 …… 002
把字"咬"清楚了表达 …… 005
用好停顿，语义更清晰 …… 008
声音漂亮，更能吸引人 …… 011
用语气、语调增强表达力 …… 014
巧妙进行话题转换和过渡 …… 018
去掉说话中的口头禅 …… 022
纠正表达的发音缺陷 …… 024

第2章　精简表达，三言两语说到点上

遣词造句要精练 …… 028
言简意赅，明白如话 …… 031
精简表达，长话短说 …… 034

删繁就简,抓住关键点 ………………………… 037
先想好重点,再简洁表达 ………………………… 041

第3章 缜密表达,逻辑严谨无懈可击

清晰地亮明你的观点 ……………………………… 044
环环相扣,表达无漏洞 …………………………… 048
表达的逻辑准确性要求 …………………………… 051
说话缜密,离不开形式逻辑 ……………………… 054
不要违反语言逻辑规则 …………………………… 059
有层次表达,要"一二三"排开 ………………… 061
遵循时间逻辑表达 ………………………………… 064
让你的表达更有逻辑性 …………………………… 066

第4章 到位表达,把话说到对方心坎上

第一句话就扣人心扉 ……………………………… 070
就对方感兴趣的话题交谈 ………………………… 073
利用对方渴望被重视的心理 ……………………… 077
赞美要说到对方"得意"处 ……………………… 080
关心的话要"贴"心说 …………………………… 083
祝贺的话表达的是"心意" ……………………… 086
感谢的话要"传递"入心 ………………………… 089
感同身受的劝慰才打动人心 ……………………… 092
这样道歉才受用 …………………………………… 095

反驳要抓住"突破口" 098
激发情感，以情动人 102
说到问题"关键点"的方法 106

第5章　恰当表达，到什么场合说什么话

说话要因人而异 112
说话要符合场合要求 116
把握对方情绪说话 119
表达要自有分寸 121
把握好表达的"深浅" 124
把"刺儿"藏在花蕊里 128
玩笑话要遵循一定准则 131
真心话要实说，场面话要虚说 134

第6章　精妙表达，字斟句酌句句精彩

合适的称呼是最好的开场白 138
幽默讲技巧，用好才精彩 141
一样话，百样说 144
学会说好体面话 147
学会"现挂" 150
给拒绝找一个好借口 154
高级恭维要很有"深意" 158

第 7 章 灵活表达，对的话表白给对的人

揣摩对方心理说话 162
说话要学会顺水推舟 165
与领导说话要得体 168
与下属说话要和气 172
与同事说话要谦虚 174
与朋友说话要坦诚 176
与异性说话要有尺度 179
说服有禁忌，方式要灵活 182

第 1 章

顺畅表达,字正腔圆打动人心

顺畅表达是精准表达的重要前提。要想在交谈中清晰准确地表达自己的观点和思想,就要努力做到字正腔圆,声音悦耳。

说话如弹琴，表达似流水

要想让说话如弹琴般优美，表达似流水般顺畅，最主要的是要掌握好语速和节奏。只有将这两者调配好了，才有可能使说话像琴弦一样有张力，像流水一样有动感，声音抑扬顿挫、悦耳动听。这是顺畅表达的重要前提。

就表达整体而言，语速不可过快，也不可过慢，应该稳当舒展。过快，像打枪似的，只管自己讲得痛快，不管对方是否听清，这样的表达效果自然不会好到哪里。对方捕捉词语都来不及，哪里还有思考的余地！时间一长，对方就反感了、倦怠了，不想再听了。而过慢，像讲故事似的，词和词之间、句和句之间，拉得很长，对方等得不耐烦，听一会儿自然也就失去了兴趣，或者就干脆不听了。所以，整体来说，语速要适中，以听得清为首要原则。

另外，说话时，语速还要根据内容及思想情感表达的需要，做出恰当的调整。当快则快，当慢则慢，有所变化，才能准确表情达意，也才能体现出语言的艺术。

除了要掌握好语速外，还要注意对节奏的掌控。说话有节奏，才具有强烈、深刻和丰富的表现力，因此，一个很会表达的人十分注重自己说话的节奏。

节奏由语速和语势组合而成，包含缓急、张弛、停连、起伏等要素。语言学家早就发现,说话时影响速度节奏的主要因素是人们内心情绪的起伏变化。速度节奏的控制和变化一般要通过音调的轻重强弱,吐字的快慢断连,重音的各种对比以及长短句式、整散句式、紧松句式的不同配合实现。

掌握了这些规律,做到表达快慢适中、快而不乱、慢而不断,就可以增强声音的美感。节奏与语速有着紧密的联系,但不是一回事,语速只是表示说话的快慢,而节奏却包括语句的起伏、强弱、停连。

一般来说,叙述一件事情,描绘一处景物,表现一次行动的迟缓,节奏宜慢;表现平稳、沉郁、失望、悲哀情绪节奏宜慢。

相反,表现情绪紧张、热烈、欢快、兴奋、慌乱、惊惧、愤怒、反抗、驳斥、申辩时,节奏宜快。

节奏调度的原则,一是感情原则,二是语言原则(根据语言的环境调整),三是内容原则。具体调度,需要结合实际情况。通常情况如下:

浅显快于艰深 内容浅显易懂,说话的节奏就可以适当放快,不需担心听者抓不住说者表达的意思;相反,内容艰深难懂的,就要放慢说话的节奏,否则听者的反应速度很难跟上说话的速度,听不懂的人就会干脆放弃,不听了。

描述快于阐述 描述性的语言一般是讲述一个故事,内容浅显易懂,文字也不会很生硬。而阐述性的语言,一般是讲述一个原理或者介绍一种新事物,大多涉及专业领域的专业词汇,听者往往不很熟悉,这就需要慢慢地讲清楚,如果太快,听者是很难理解的。

议论快于抒情 议论是讲道理,目的是把道理讲清楚,使听者明白就可以了。而抒情的语言有一个更艰巨的任务，就是要感染听者，要与他们的心灵发生碰撞，说话者就需要时间来表达自己的某种感情，故而不可太快。

激烈快于轻松　要表达激烈的语气，用较慢的节奏显然是达不到效果的。相反，要表达轻松的语气，也不能用太快的语速。

欢愉快于忧伤　欢愉时，语气比较轻快，语调也比较高昂，加快语速有助于传达一种轻快高兴的语意。而忧伤的语言，一般都是低沉的，说话者的反应速度也是很慢的，这时如果语速过快，就很难说你是真的不高兴了。使用错误的节奏就会传达出错误的信息，即使别人听出来你的真实感受，也会觉得你是故意装出来的。

活泼快于稳重　活泼的语言说得太慢，就显示不出调皮搞笑的语境了，而用很快的语速表达持重的话语，也显示不出稳重了。所以，活泼的语言语速应该快于稳重的语言语速。

以上这些节奏变化都是由表达的内容、语境和言语交际的目的决定的，运用时要根据具体情况灵活运用。

把字"咬"清楚了表达

字是写给别人看的,话是说给别人听的。说话,清楚明白是第一要务。表达时如果连字都"咬"不准、"吐"不清,那何来的顺畅表达,又奢望什么精准表达?毕竟,你说得好不好,首先要让对方听懂。你自己知道在讲什么,但对方听不明白你讲什么,或者听得很费劲,那又如何准确接收你的信息,如何准确理解你的意思?!

表达时,只有发准每个字、词的读音,交流才能正常进行下去,要不然就容易引起歧义和误解。从前有个人进城办事,需要找个旅馆住下。他截住一人问道:"同志,哪儿有旅(雷)馆?"那人一听,眉头紧皱,双眼射出警惕的目光,说道:"雷管是国家禁止私人买卖的爆炸品,你要它干什么?"经过再三解释,方知是问路之人发音不准,将"旅馆"说成"雷管"。

类似的情况,生活中时有发生。一般情况下,当面说话,有手势、表情等辅助手段,即使说话之人没有表达准确,听者还能估摸出要表达的意思来,可是,如果通过电话联系,若发音不准、吐字不清,就很容易产生误会,影响表达效果。

说话吐字清楚有多重要,可从《红楼梦》中的一件事得以佐证。一次,凤姐差遣宝玉的丫鬟小红替她去办事,小红办完事回来复命，凤姐一听这个小红说话干脆利索，非常高兴，连连说小红说话对她脾气，让小红以后就跟着她。

小红在宝玉身边，只是一个负责打扫卫生的粗使丫鬟，到了凤姐这边，摇身一变成了深得器重的贴身丫鬟，地位扶摇直上。小红是凭借什么脱颖而出的呢？就是凭说话清楚明白，让人听着舒服。可见，说话清楚非常重要。

"吐"字发声一定要咬住字头，"咬字千斤重，听者自动容"说的就是咬字要咬住字头，嘴唇要用力，将发声的重音放在字头上，用字头带动后面的字腹和字尾。

那么如何让自己"咬"字清楚呢？可从下列几方面入手：

学会练气

俗话说练声先练气，可见要想把字音发清楚，先要把气练好，以气贯声。那么该如何练气呢？练气分为吸气练习和呼气练习。

吸气练习的方法有很多，这里只说一个比较简单的方法：深深吸气，打开胸腔，同时肩膀向后舒展，胸部隆起，然后缓缓呼气，向内、向下放松肋骨。这样的动作重复做几次即可。

呼气练习要遵循一个原则，就是呼气要慢慢进行，即要慢慢呼出气体。呼气时可以把两齿不完全闭合，中间留一小缝隙让气体通过。

纠正错误发音

由于种种原因，很多人"咬"字不清。这种情况下可以多听听正规的广播节目，多看看正规的电视节目，跟播音员、主持人学习普通话标准发音。他们的普通话发音很准，而且圆润动听。另外，平时遇到感觉发音不准的字词，可以查阅字典，纠正读音。

第 1 章
顺畅表达,字正腔圆打动人心

语速要适度

说话时语速要适度,也就是表达的速度要适中,不能太快,也不能太慢,尤其是不要急迫,说话像机关枪扫射,这一点非常重要。

词语要说清晰

就是表达时每一个词语的发音要清晰、准确,不要含混不清,对一些关键字词的发音,尽量说得慢一些,说快了、急了,容易产生声音共振而使语音含混,让人听不清,或产生误听。遇到容易产生歧义的读音,应予以适当解释。

杜绝"吃"字

什么是"吃字"?简单讲,"吃字"就是在说话的过程中,个别字发音不完全,还未出口就一带而过,形成了一种似有似无的发音。比如,大家见了面经常会问"最近忙什么呢",有时"什么"两个字的发音很低、很快,对方听了就变成"最近忙呢"。

诸如此类的"吃字"现象还有很多。有人认为说话"吃字"无所谓,甚至还把"吃字"作为一种讲话时尚而效仿,这显然是不对的。

"吃字"是一种非常不好的语言习惯,会给人留下说话随意、含混、不稳重的印象。如果频繁地"吃字",势必会影响对方对你表达内容的理解和把握,所以一定要改正过来。

咬字清楚、吐字清晰是顺畅表达的基础。艺术语言大师符·阿克肖诺夫说:"吐字不好,不清楚,就像是键坏了的破钢琴似的,叫人讨厌。"

所以,我们应该练习把字"咬"清楚,努力改正发音吐字方面的不良习惯。要多与人交流,在实践中获得进步。注意与人交流时要慢点说,不要只图快,要尽量做到发音标准。

用好停顿，语义更清晰

说话离不开停顿，特别是要说很长的话，更要用好停顿。事实证明，有效地运用停顿可以使表达更明白、更动听，是顺畅表达的重要方面。有些人说起话来像打开的水龙头，特别是在激动的时候就不注意停顿了，显然，这是不对的。

马克·吐温说过："恰如其分的停顿能产生非凡的效果，这是语言本身难以达到的。"好的停顿有很强的表情、表意功能，常能收到"此时无声胜有声"的表达效果。

国际工人运动活动家普列汉诺夫的口才特别好，一次他在日内瓦作《无产阶级与农民》的演讲时，社会革命党人和无政府主义者中一伙抱有敌意的听众从中捣乱。他们在普列汉诺夫演讲时吹口哨、跺脚、喧闹，还与其他观点不同的听众争吵辩论，令演讲进行不下去。

面对这种情况，普列汉诺夫十分冷静沉着地将双手交叉于胸前，沉默不语，待台下稍微有所安静，他突然大声地说："如果我们也想要使用重武器同你们斗争的话，我们来时（停顿、缓声地说道）就会带上冷若冰霜的美女！"

听众哄然大笑后，立刻安静下来，演讲得以继续进行。

普列汉诺夫借助了语言本身的特点，使用有意停顿、变换语调、调整语速等方法将"重武器"和"冷若冰霜的美女"隔开,给听众一种极大的反差,从而产生一种吸引人的强烈效果,立刻将观众的注意力吸引过来,使他的演讲得以继续进行,可见,好的停顿能收到神奇的效果。

停顿是因思想内容的表达和生理心理的需要,而在有声语言的链条上设置的间隙中断,是有声语言的"标点符号"。巧妙运用这个"标点符号"不仅能使自己的语言生动活泼,而且,还能收到意想不到的语言表达效果。停顿要按照语境的规定进行,如果故意在不该停的地方停,会产生怪异的效果,甚至导致笑料百出。

停顿通常分为下面几种:

语法停顿

语法停顿又叫自然停顿。一般句号、问号、感叹号停顿的时间稍长;逗号、顿号停顿的时间短。句与句之间的停顿长些,段与段之间的停顿更长。成分复杂的长句,通常在主语之后略做停顿。例如:"难道他们,不想将母亲,从敌人手里救出来,把母亲也装扮起来,成为世界上一个最出色、最美丽、最令人尊敬的母亲吗?"只有一个修饰词的句子,一般可以不停顿。修饰词多的、离中心词远的可做停顿,连着中心词的地方可以不停顿。

逻辑停顿

逻辑停顿是为显示语义,突出停顿前后词语,而不受标点约束的停顿。例如:"我们不怕死,我们有牺牲精神!我们随时像李先生一样,前脚跨出大门,后脚就不准备再跨进大门!"前两句是原因,后一句是结果,在表达这种因果关系时,就需要一个较大的停顿,才能凸显语言的强度。

感情停顿

这是依据说话者的心理和情绪所做的一种特别的停顿,是为了渲染某种思想情绪,有意识地、突然地做停顿处理。例如:秋风里,你们举起了挥别的右手,凤凰花下,请允许我们再道一声:"辛苦了,祝你们一路顺风!"说话者在"再道一声"之后停顿一下,最后的问候语和祝愿语就被强调出来了。这样表达,把情感推向了高潮。

回味停顿

回味停顿是在句尾或段末所做的特意停顿,目的在于留给听众一个思考和体会的余地。例如:"朋友,如果让你选择一个你最喜欢的词,你选择哪一个呢?你可能会选择幸福,也可能选择生活或者是爱……但是如果让我来选择,那我一定会选择责任。"在"选择"之后做一个较大的停顿,然后再说出"责任"。因为这个停顿能引起听者的重视,可以调动听众的情绪,增强表达的力度。

总之,运用好停顿,能够将句子巧妙地断开,准确表达出语义,还能够使语言生动活泼,产生语言本身难以达到的艺术效果,所以,要想表达得好,表达顺畅,就要掌握、运用好停顿的方法。

声音漂亮，更能吸引人

说话离不开声音，说话的内容是通过声音直接表现出来的，声音直接影响听者的体验。好的内容再加上好的声音表现，自然可以增强表达的效果，这就像你文章写得很好，同时字也写得非常漂亮一样。可以想见，如果声音刺耳难听，听者往往不愿意听，一心想尽快结束，自然影响交流的效果。

人们通常都认为声音质量的好坏是天生的，没法改变。其实这种观点是不对的，发音的器官的确无法改变，但发音方法是可以改变的，也就是说可以通过后天的练习改善自己的发声方法，让声音漂亮起来。当然要改善声音不是一朝一夕的事，需要长时间坚持练习。

下面是一些让声音漂亮起来的小技巧，平时不妨多多练习。

句尾常扬

声音不积极，给人感觉萎靡不振。声音不积极的主要表现，就是每一个句子的句尾语调呈下降趋势，给人感觉说话没有底气，话说得头重脚轻。声音要积极，必须"句尾常扬"，也就是说，句子不要落下来，而是扬上去，有一种被提起来的感觉。

充满能量

有震撼力的嗓音，音色更强，声音更有力，充满了能量和活力。如果你说话时有力量，有自信，熟知自己所讲的话题，认为自己所阐述的观点非常重要，那么听者也会相信你所说的话并接受你的观点。所以，要想表达顺畅有力，最重要的因素是要充满能量。

底气十足

声音不响亮，有两方面的原因：一是底气不足造成声音不响亮，而提升底气的最好办法，就是加强小腹、横膈膜的力量，可以通过向远处连续、均匀、坚实地发"heiheihei"来达到；另一方面口腔开得过小，或唇舌无力，可以练练"咬苹果"：将握拳的手想象成苹果放在嘴巴前面，尽量张大嘴做欲吞下"苹果"的动作，反复练习张嘴的动作，这对提高声音的响度、清晰度、流畅度有非常好的效果。

抑扬顿挫

声音太单调、沉闷，没有变化，会给人一种老气横秋的感觉。声音的艺术美就体现在变化上，应如高山流水，有汹涌澎湃，也有风平浪静。当然这种变化不是想怎么变就怎么变，必须根据内容而定。也就是说声音要有适当的抑扬顿挫。

共鸣发声

声音好听，离不开口腔共鸣。发音时双唇集中用力，下巴放松，打开牙关；喉部放松，提颧肌、颊肌、笑肌；共同运动时，嘴角上提。张口吸气或用"半打哈欠"感受喉部，舌根，下巴放松。这时口腔共鸣会加大，在打开口腔时，同时也要注意唇的收拢。

平时要有意识加强口腔共鸣训练。把声音有意识地集中一点发出，就好像子弹从嘴里打出来，集中一个目标，声音沿上颚中纵线直打到前段送出。要注意的是，这个时候，鼻咽要关闭，不

第 1 章
顺畅表达,字正腔圆打动人心

要产生鼻音。

除了要掌握这些可让声音变得漂亮的技巧之外,对一些错误的发音或者不良习惯也要及时纠正。比如,要避免低语和含混不清。

低语,丧失了大部分语调和共鸣的声音,听起来似乎是在喃喃自语,使人昏昏欲睡,索然无味。而含混不清,发音低浊,咬字不清,让人难解其意,听得一头雾水。这些发音的坏习惯,都要注意纠正。

用语气、语调增强表达力

语言学家发现,运用好语气语调,可以增强表达的艺术效果,有利于表达。英国戏剧家萧伯纳说过:"书写的艺术,哪怕文法修辞非常好,在表达语调时却无能为力。复杂多变的语调、语气是一种表意功能很强的口语修辞方法,是任何一个想提高说话水平的人都应该掌握的。"

意大利有位演员一次去哈佛大学演出,他向哈佛的学生朗诵自然数1到100。"数数字"有什么好听的?大家不感兴趣,有的人竟喝起倒彩。但是,当他站在台上将单调的数字说得有声有色、充满感情时,全场的观众都被征服了。人们听到的已不再是枯燥乏味的数字了,似乎听到的是诉说痛苦的忏悔。有的观众竟涌出热泪。

很多哈佛人都记得这场表演。撇开表演因素,这位演员之所以能够成功地感染听众,是因为他运用了巧妙的"以声传情"的技巧。他灵活地运用语调、语气的表达技巧,将话说得生动而富有感情。

王老师就很善于用自己的语气帮助孩子们。在她的班上有一个孩子,性格比较孤僻、不善言谈,被别的同学称为"弱智"。王老师在担任他的班主任后,就对他进行了深入的了解,经常鼓励他。有一次在课外活动时,这个同学独自一人坐在教室里,王老师便走过去,温柔地说:"我发现你上课听讲挺认真的,而且反应并不比别人慢,老师相信你是一个聪明的孩子,只要你努力学习,一定会成为一名优秀的学生。"

这个同学听了王老师的话,若有所思地点点头。然后,王老师又把他带到孩子们中间,并且陪他一起参与到学生活动中去,学生们受到王老师的影响,都争着和他做游戏。慢慢地,他和同学们的关系变得融洽了,学习成绩也提高上去了,再也没有人说他"弱智"了。

在这位同学的转变过程中,老师的爱心起到了重要的作用,而这种爱心正是靠这种富有爱心的温柔语气表示出来的。

通常在不同的情况下,要运用不同的语气。

谈心时的语气

谈心时,如果语气、声调和节奏运用不当,会影响表达的结果。

谈心时,语气要和缓、委婉,不能声色俱厉,咄咄逼人。和缓委婉的语气能冲淡对方的敌对心理,能给对方一种信任感、诚实感,能制造平淡和谐的谈话气氛,有利于减轻压力、阐明事实、表明观点。

劝导时的语气

劝导,即为规劝和开导。在劝导别人时,不要因为自己有理便气高声扬,而要以委婉的口气低姿态地进行劝导。要以征询意见的口吻引导对方。少用否定句,多用设问句。要换位思考,将心比心好言相劝。采取合适的语气,才容易让对方接受你的建议。

聊天时的语气

聊天时，语言过于正统，过于严肃，往往使聊者听而却步，一本正经地聊天是最乏味的。善于聊天的人，经常使用轻松幽默的语言，多取譬喻，幽默风趣，创造出宽松愉快的交谈气氛，使大家在交谈中得到松弛和愉快。

安慰时的语气

安慰，就是在别人遇到不幸或内心痛苦时，以一定的语言表达方式使其心情安适，摆脱痛苦。应根据被安慰人所处的不同境遇，选用不同的宽慰语言。只有饱含真挚情感，话语委婉，才能获得安慰的最佳效果。

除了语气外，还要注意语调对表达的影响。所谓"听话听音，锣鼓听声"，说的就是语调、语气作为口语修辞手段对表情达意所产生的特殊功能。语调是指贯穿整个句子的调子，与声调一起决定了声音的高低抑扬。语调的构成因素比较复杂，它是节奏的快慢起伏、音调的抑扬顿挫、语速的停顿延连、音量的轻重强弱等通过不同的方式组合而成的。

语调可分为降调和升调两种基本类型，随着句子的语气和表达者感情的变化，可以变化出其他多种类型。语调有区别句子语气和意义的作用。如"你干得不错"说成降调，是陈述性句式，带有肯定、鼓励的语气；说成升调，是疑问性句式，带有不信任和讽刺的意味。说话时应注意把握语调，以准确地表情达意。

语调据"调式"的不同，又可分为整句语调和句末语调两大类。其中句末语调又可分为平直调、上扬调、降抑调和弯曲调4个"调型"：

上扬：调值前低后高，语势上升，一般表示鼓动、愤慨、斥责、惊异、疑问等。

弯曲：调值有升有降，语势曲折多变，一般表示惊疑、忧虑、讽刺、调侃的情绪。

降抑：调值前高后低，语势渐降，一般表示坚定、自信、肯定、祝愿、赞扬、感叹。

平直：调值平稳少变，语势比较舒缓。它一般表达冷漠、庄严、从容、悲伤、沉郁的感情。

运用好语调的同时还要运用好语气，不同的发声方式、不同的气息状态，可以形成不同的语气，表达出不同的思想感情。

语调要随情而变，注意强弱轻重之分。"感有万端之异，言有万态之殊"。切忌一味夸张渲染，形成固定的语调模式。通常，在不同的场合要使用不同的语气。场面大的时候，为了突出重点，要适当提高声音，放慢语流速度，把握语势上扬的幅度。相反，场面小的时候，要适当降低声音，适当紧凑词语，把握语势的下降趋向，追求自然声音。

另外，对不同的人要使用不同的语气，即语气要因人而异，还有，不同的时间，使用的语气也要不同，即要因时而施。

还有一点需要多加注意，那就是语气的表达不可有做作的痕迹，要"以情带声"，与感情的自然流露融为一体，方可增加表达的魅力。

巧妙进行话题转换和过渡

话题的自然转换和过渡是顺畅表达必不可少的,试想一下,如果某一话题快要说完需要转换,或者过渡时,不懂得如何自然转换或过渡一下,必然会"卡"在那里,或者转换过渡不自然,很生硬,那也势必会破坏交谈的气氛。

适时而巧妙地转换话题,可以促使交谈连续进行,增强谈话效果,增进友谊和情感。可以说,恰当的话题转换是交谈双方共同期盼的心灵效果,也是言语表达的精神追求。

话题的转换有一定的技巧和方法,在谈话或演讲过程中,有时需要根据情况临场发挥,适时转换话题。由于话题转换带有即时性特征,是瞬间产生的一种思维反应。所以,为了避免太唐突,转换话题一定要巧妙、自然。

一般有以下几种话题转换方式:

1. 自然转换话题

用叹词、语气词、象声词等转换话题。这是最为简单直接的转换话题的方式。如:

李先生:"天哪,那个路口又堵车了!"

张先生:"唉,我上下班必须经过那,今天真是麻烦!"

运用感叹词,交谈者将话题自然过渡到今天堵车这件事上。

这种转换技巧的优点是直触主题，较为简洁。它的不足是较为单调，显得缺少铺垫，突兀而呆板。

2. 承上启下转换话题

这种技巧也叫"话赶话"，一般用于两个话题之间，或用于上下两个话题互相衔接。如："刚才你说了商场的处理意见，那么顾客是什么态度呢？"由关注商场的意见转为关注顾客的态度。

再看："你总是说我这不对那不对的，你有啥能耐让大家伙儿见识见识"，话题由"我的缺点"转为"你的能耐"。

这种转换方法衔接紧凑，适用于不太复杂的两个或几个话题之间，显得转换自然，同时也具有直触主题、简洁明了的特点。它的不足之处在于，对于一些人物较多、身份又较为复杂的话题就不太适用了。

3. 举例法转换话题

这是一种较为有效而常用的话题转换方式，生活趣味儿十足。它通常是以自己或身边人的事例，以及对方较为熟悉的事情作为话题转换的契机。如：

A："哎，兄弟，我想换一款新摩托，你能介绍个好牌子吗？"

B："你现在的这辆摩托买了不是没多久吗？"

A："现在物价涨得这么快，存钱也不值，还不如买点儿喜欢的东西呢。"

B："你说得也是，存钱也没多少利息，真的还不如买自己喜欢的东西呢！"

话题自然由"摩托车牌子"转入"物价飞涨"。这种方式显得自然随意，不足之处是有时候话题容易跑偏。

4. 回顾往事转换话题

用对方比较熟悉的过去的人或事来转换话题，容易让对方产生亲近感，缩短双方的心理或情感距离。如：

"想想十几年前，那时我们真的是精力十足啊……"

"记得我们小时候……"

"想当年……"

这是有一定阅历的中老年人常用的一种话题转换方式，轻松自然。它的不足之处是就像长跑中的助跑，转换时间长，进入新话题的速度比较慢。

5. 礼貌回避转换话题

有些话题让人不快或让人尴尬，可以利用对方话语中的某些信息礼貌避让，并进而引出新的话题。每个人在谈话时都喜欢以自己为中心，说自己快乐的事，因此如果想避开某个不愿继续的话题，就有意识地以对方的开心事为话端，话题就能得以转换，而且有利于情感对接。

6. 借用外因转换话题

交谈总是有特定环境因素的，眼前的物品、景象，听到的雷声、风声，乃至身体能感受到的气温、闻到的气味等，都是转换话题可利用的外在要素。比如：

甲："你家书架上有这么多的线装书，看来你对古文情有独钟哪！"

乙："天气好闷，你觉得会下雨吗？"

这样转换话题虽说是故意的，但如果转换自然，也不显得突兀。这种转换方式，要注意的是不能频频转换，以免思维过度跳跃，给交谈对象带来疲惫感，也容易让对方怀疑你谈话的真诚度。

实际上，在话题转换的过程中，以上各种方法和技巧并不是孤立使用的，往往应该综合起来运用。当然，在话题转换与衔接的过程中，也要慎重地选取新话题，要尽量选取双方感兴趣的、新颖独特的、谈得来的话题。恰当的话题转换是顺畅表达和畅快交流的基础和前提，能够给双方带来心灵的默契和精神的愉悦。

去掉说话中的口头禅

很多人说话或演讲时，总带有口头禅，诸如加些"啊""是吧""怎么样""那么"等，口头禅成堆，给人一种断断续续的感觉，可能说话者本人感觉自己说得挺溜，岂不知却大大影响了表达效果，这种情况下，又何谈表达顺畅。

口头禅通常有3种表现：一是句首的发语词多。如："我吧……""反正……""我说……""这个嘛……""就是说……"等；二是中间的感叹词多。如"啊……""嗯……""哟……""好啊……"等；三是句末的收尾词多，如"……对！对！""……是吧？""好极了！""……啊！"

一位领导在演讲时，老是重复"哼、啊"之类的语气词："今天吗，我们——啊，开个会——啊！要说的——哼，只有三点——哼。"这样重复，割断了词或句的连贯性，破坏了语言的一般规范，造成了表达的卡顿现象。

因此，严格来说，口头禅是一种语言"病"，要积极"治疗"。可以针对"病根"，对症治疗。

首先，要认识自己的口头禅。

这是前提，如果不认识自己语言有问题，自然就没有"治病"的想法。要提高认识自己口头禅的意识。如果发现口头禅比较严重,可以把自己常说的口头禅录下来。再反复放给自己听,切身感受一下,看看自己对这些啰唆、重复的表述方式的接受程度有多大。

其次,要有意识地纠正。

口头禅是一个不好的语言习惯,既然已经认识到了这一点,就要有意识地去纠正。改掉口头禅并不是一件多难的事情,说话时可以有意识地放慢速度,或者把想要说的话先在心中过一遍,这就会有效地避免一些口头禅。只要自己真正地重视起这件事情,有意地去纠正,改掉口头禅就不是一件无法完成的事情。

再次,多用普通话交流。

尤其平时与人交流时,尽量多讲普通话。因为很多口头禅用方言说会比较顺口,而普通话多使用书面语,不太容易产生口头禅,而且一些脏话也不好用普通话说出口,这样讲口头禅的习惯就会慢慢改掉。还有,用普通话交流,还可以把普通话练习得更标准。

另外,接受提醒和监督。

可以让父母或者身边比较亲密的朋友时刻提醒自己。在你不经意时说出了口头禅时,让对方提醒,甚至严厉批评,不管什么场合都要批评,哪怕是在很多人在场的时候,也一样要批评,越是重要场合,你越觉得难堪,也就越记得牢,越容易改掉口头禅这个不好的习惯。

当然,改掉口头禅不止上面几种方法,你可以根据具体情况,选一个最适合自己的方法来改掉这个习惯。需要注意的是,不管是用哪一种方式来改掉这个习惯,都需要坚持。

纠正表达的发音缺陷

很多人发音是不正确的,或者说是有缺陷的,这些不正确的发音会影响表达的顺畅进行,自然也就会影响精准表达。

普通话语音通常包括声母、韵母、声调、音节、语调等。多数人发音不准确集中在声母、韵母、声调、鼻音上。先说声母,声母发音不准多是发音部位不对,如翘舌音不到位、缺乏鼻音和边音等。再说韵母,韵母发音不准多为开口度不够。声调缺陷多是第三声,也就是上声变调不准确。鼻音方面的缺陷,是指有的人无论说什么都带有鼻音,根本不分前鼻音、后鼻音,给人一种装腔作势的感觉。

如声母发音不准,纠正的办法是努力分清平舌字母和翘舌字母。翘舌字母的字要比平舌字母的字多很多,平时要多记,记准平舌字母的字。平舌音发音,舌尖向上门齿背接触,如z、c、s。发翘舌音,舌尖向硬腭前部接触,如sh、r。分清翘舌音和平舌音的一个较好的办法是经常做绕口令练习。

韵母发音不准主要解决开口呼韵母、齐齿呼韵母、合口呼韵母、撮口呼韵母的问题。解决的办法是记住各韵母群都包含哪些韵母。

开口呼口腔开度较大,是除了韵头为i、u、ü为韵头的韵母,还包括-i（前）、-i（后）两个舌尖元音，有a、o、e、ai、ei、ao、ou、an、en、ang、eng、er。

齐齿呼是主要元音为i和韵头为i的韵母。发音时，上下齿几乎是对齐的，主要有i、ia、ie、iao、ian、iou、in、iang、ing。

合口呼是主要元音为u和韵头为u的韵母。发音时双唇合拢，呈圆形，主要有u、ua、uai、uei、uan、uen、uang、ueng、ong。

撮口呼是主要元音为ü和韵头为ü的韵母。发音时，双唇撮拢，呈圆形，主要有ü、üe、üan、ün、iong。

声调有4个，分别为阴平、阳平、上声、去声。发阴平声调时，声带要绷到最紧，始终没有明显变化，保持高音。注意避免阴平上扬。发阳平声调时，声带适度松弛，逐渐绷紧，直至最紧，声音由低到高。注意不要先降再升。

上声为降声调，发上声升调时，声音主要表现在低音段1~2度之间。在4个声调中，上声的音长最长。注意只降不升，或者垂直升降。

去声为全降调，发去声时，声带由紧开始，到完全松弛为止，声音先高后低。与上声相反，去声在4个声调中音长最短。避免出现下降不干脆，曲折下降。

纠正鼻音发音问题，主要区分开前鼻音和后鼻音。前鼻音韵母主要有an、ian、uan、üan、en、in、uen、ün，发音结尾把舌头顶住上牙床，鼻子出气，发鼻尾音-n。

后鼻音韵母有ang、eng、ing、ong，发音时舌根与软腭形成阻碍，使气流从后口腔进入鼻腔发音。

除了上面所说的几个发音缺陷外，常见的发音缺陷还有语调、语速问题，语调发音以及语速问题在前面的小节里已经做了阐述，这里就不再赘述。

要想表达顺畅优美,清晰准确达意,就要努力纠正发音缺陷,平时多注意区分易混发音,勤加练习,久而久之,自然就会纠正错误发音。

第 2 章

精简表达,三言两语说到点上

简洁是表达的硬核,冗长是肤浅的装饰。言不在多,达意则灵。用最少的字句,涵盖最丰富的内容,是精准表达的基本要求。

遣词造句要精练

很多人说话都有一个毛病，就是啰唆。如果闲聊也就罢了，但在正式场合，当着许多人的面，讲话太啰唆，必然会让自己的形象大打折扣。说话干脆利索，条理分明，人人都爱听，即使讲错了，也知道错在哪。

林强是一位培训师，他说话声音洪亮，但有一个不好的毛病，就是啰唆，经常一个观点翻来覆去讲，直到你听得心烦意乱，他才会不情愿地说："好，既然大家没有异议，这个问题咱们就先过了啊。"

大家说："好，没意见。"

他又会来一句："真没意见，还是假没意见，咱们争取一次听懂。"

"真没有。"

"你们可别哄自己，学知识是为自己学的……"结果，又跑题了，给大家讲起了学习的道理。

啰唆了一节课，关键的内容没有讲，却东拉西扯了不少。

所以，言不在多，贵在精简，不能养成说话啰唆的习惯，与其说它是习惯，不如说就是毛病。如果确实想把一个问题讲清楚、讲透彻，而不得不多说，一定要讲方法。

第 2 章
精简表达，三言两语说到点上

1. 先问后答：先聚焦问题再表达观点

如果你不知对方想了解什么，讲得越多越容易跑题，越显得啰唆。比如，老板在会议上问你："你对这份运营方案怎么看？"那你是不是要长篇大论，把问题展开来谈？当然不是。一是发言时间有限，得抓住要点发言；二是，这个问题比较开放，可谈的东西较多。如果你讲得太多，即使10%能说到点子上，其余90%还是没用的话。

正确的回应方式是：先问后答，缩小问题区间。即，可以先问下老板："您是说操作层面，还是预算？"一句简单的问话，可以帮你聚焦问题，让你接下来的发言更精练、到位。

这个案例给我们的演讲提供了一个思路：在交谈的时候，可以通过提问，把主观题变成选择题，缩小答案范围，聚焦问题之后，就可以有针对性地去论述，避免啰唆。如果不便现场提问，可能的话，可以事先了解清楚，然后再有针对性地回答。

2. 换位思考：对不同的人说不同的话

交谈是双向的，如果不方便在语言上直接沟通，那就在思维上沟通——进行换位思考：假如自己是一位听众，希望对方怎么讲，希望他面面俱到，还是干脆利索？

不能与听者换位思考，凭着感觉讲，总担心别人听不明白，所以会把自己想到的东西统统讲出来，正反都要说个遍，这就难免有些啰唆。

所以，开口说话的时候，要先进入听者的角色，去预判他们的年龄、职业、关系，以及对所谈话题的理解程度、熟知程度，从而帮助自己做减法：清楚哪些话不该说、不必说，该省略什么，保留什么。如，一个女生背了一个漂亮的包包，你只问价格贵不贵,什么牌子,未免有敷衍之嫌,一看就不是"真心"关心这个包包。如果你说"价格好贵啊,款式也漂亮,哇,还是名牌哦"。虽然话有些多,但是对方能感觉到你很在意她的包包,不觉得你啰唆。

如果一个男生对背什么包并不感兴趣,你对他说上述那番话,他可能会觉得:你这个人真能啰唆,不就一个包,有那么多事吗?

可见,面对不同人,说同样的话,产生的效果是不同的。这就需要我们在说话前,要学会换位思考,站在对方的角度去审视一些问题,尽量多了解他们的兴趣、习惯。

3. 分条论述:观点要少而精

如果讲的内容较多,也有层次感,那么在讲之前,先把主要观点提炼出来,告诉听者:接下来将要围绕这个点来讲。讲完相关的内容后,要进行必要的总结,然后开始下一段。如果平铺直叙,听众抓不住主次,觉得你的话太多,一会儿讲这儿,一会儿讲那儿,实在是啰唆。比如在会议中,领导讲话想到哪扯到哪,这个会议的效果肯定好不了。

如果讲话时注重提炼中心句,效果就不一样了,如可以说:"接下来,我重点讲讲迟到早退现象。"讲完这个问题后,可以接着说:"最后一个问题,我在这里再强调一下,那就是卫生问题。"

当然,所讲的观点或问题不宜过多。一般情况下,观点最好不要超过 3 个,以 3 个为最佳,可以讲一二三,简单明了,如果非要搞出个七八九来,那肯定显得啰唆。

总之,要养成遣词造句尽量精练的好习惯,除了要掌握上述 3 种技巧外,还要多练习长话短说,多注意筛选、组织自己的语言,让自己的表达更精练、准确。

第 2 章
精简表达，三言两语说到点上

言简意赅，明白如话

不要说一些让人听不懂的文绉绉的话，这也是精简表达的需要，如果绕来绕去说一些让人不甚明白的话，又如何言简意赅地准确达意呢？

本来，说话就是要清楚地表达自己的意思，要让别人听明白，而别人若听不明白，等于白说不算，有时甚至会产生误解，把事情办砸，因此，要学会明白如话地表达。它包括两方面内容：

语句通顺明了

主要指用词前后协调准确、意思完整，不多余、不错乱等，尽量避免语法上的毛病。要做到语句通顺明了，应注意两个方面，一是不生造词语，二要符合习惯要求。

语意明白易懂

语意要明确，就是说，表达的意思要清楚明白，肯定什么，否定什么，赞成什么，反对什么，是什么，不是什么等，清清楚楚，要立场坚定，旗帜鲜明，不要让自己所说的意思模糊不清，让人难以捉摸。

（1）说明白话

所谓明白话，就是讲起来顺口，听起来顺耳，意思容易懂，道理好明白。

一位大学者，如果让他去为大学生们演讲，那么他有极大的成功把握。可是如果他对着一群工人讲话，那他可能要失败！拿破仑对他的秘书们最看重并且一再申明的训令就是:"要清晰!要明白!"

我们表达,目的只是说明一些事情,感动人,并且说服人,使人因此产生行动,发生兴趣,所以明晰这一条件,占有重要的地位。每一篇演说词均离不开下面4个要点:

①说明事理;②说服人家并使人受感动;③产生行动;④使人发生兴趣。

当你对听众讲一些他们所不熟悉的题材时,你希望用什么方法使他们了解呢?要多用比喻去说明事实;用人们所知道的事物,去形容他们所不知道的事物。

英国物理学家罗滋博士曾对普通的听众讲述原子的体积,他说:"一滴水中的原子和地中海中的水滴一样多!"

这个比喻简练,且恰到好处,因为听众中有不少是从直布罗陀海峡经过地中海而到苏伊士运河来的,所以极易理解。但他为了还要说得更明白些,所以另外又作一个比喻说:"一滴水中的原子数,和地球上的树叶一样多。"

即使你的职业是专门性质的,而你却是和一群普通人说话,你应该格外的小心,不但要避免专业名词,而且对普通的名词还要加以详细的解释。

林肯曾向人们解说,为什么自己喜欢用通俗平易的文字,他说:"记得我小时候,如果有人对我讲话而我不懂,我就常常生气。在我一生中,我再不能想起还有什么能够使我更生气。我还记得当我听邻人和父亲谈了一夜的话,我回到小寝室中,就要不停地踱着,花了不少的时光去想使我不明白的话。从那以后当我思索一个事的时候,即使我想去睡了,也是睡不着,必把那件事想出之后,才能入睡。但是,即使想出了,还不能认为满足,还得再三地想,把这件事用通俗平易的字句讲出来,使一个孩子听了都

第 2 章
精简表达,三言两语说到点上

能够明白,这差不多成为我的一种嗜好了。"

林肯常常花几小时去思索一件事情,当思索出来之后,还得在思索出的三句话中,挑一句最好的说出来。

(2)说大众话

大众语言来自大众,是群众发明创造的。它包括俗语、谚语、歇后语等。在说话中巧妙地运用这些大众语言,就可以起到既精简又能准确达意的目的。俗语是通俗而广泛流行的定型语句,简练形象,恰当地引用俗语,可以增强说话或演讲中的幽默感和说服力。

抗战胜利后的一天,上海一幢公寓传出阵阵欢笑,原来,画家张大千要返回四川,他的学生们为他送行。梅兰芳等名流也到场作陪。宴会开始,张大千和梅兰芳敬酒,说:"梅先生,你是君子,我是小人,我先敬你一杯!"

众宾客都愣住了,梅兰芳也不解其意,笑着询问:"此话做何解释?"张大千笑着朗声答道:"你是君子——动口;我是小人——动手!"满堂来宾,笑声不止。宴会气氛一下子活跃起来。

张大千简单的几句话言简意赅地表达了自己的想法,可谓经典,原因就在于他灵活运用了"君子动口不动手"这一俗语。

歇后语是广大人民群众所喜闻乐见的语言,在群众中广为流传。在谈话中恰当运用歇后语,亦可以起到精简又准确达意的目的。例如,为说明某人工作开展缓慢,可说:"他呀,大象屁股——推不动。"为了说明自己没有能力办这件事,可说:"我是丫鬟带钥匙——当家不做主。"为了说明办了一件出力不讨好的事,可说:"我办的这事真是'公公背儿媳'——费力不讨好"等。

表达要干净利落,说一句是一句,讲一段是一段,干干净净,不要拖泥带水,尤其要注意克服那种"嗯""啊"以及啰唆重复的坏习惯。

精简表达，长话短说

在日常生活中，有很多人讲话逻辑混乱、思路不清，原因之一就是不懂得概括，一开口，就是长段长段的话语，没有任何概括提炼，加上思路飘浮，想到什么就说什么，其结果一定就是"两个黄鹂鸣翠柳"——不知所云，"一行白鹭上青天"——离题万里。

《墨子》中有这样一段话，很能说明问题：

子禽问曰："多言有益乎？"

墨子曰："蛤蟆蛙蝇，日夜恒鸣。口干舌疲，然而不听。今观晨鸡，时夜而鸣，天下振动。多言何益？为其言之时也。"

这段话的大意是，子禽问老师墨子："多说话有好处吗？"墨子回答说："蛤蟆、青蛙、苍蝇，日夜叫个不停，叫得口干舌疲，也没有人去听。但是再看看雄鸡，在黎明按时啼叫，所有人听到它的叫声都会起来劳作。那么多说话有什么好处呢？重要的是话要说得切合时机。"

墨子这番话说得很有道理，很多事情说得再多也是徒劳。说得太多，往往显得啰唆，像《大话西游》中的唐僧一样，喋喋不休，让人失去了耐心；话说得再好听，如果说不到点子上，说不到对方的心里，也只是漂亮的套话，没有任何实际意义。

因此，一番话说出来，关键在于两点：第一，要选择合适的

第 2 章
精简表达,三言两语说到点上

说话时机,就像墨子所说的雄鸡那样,"时夜而鸣,天下震动";第二,要准确把握听者的心理,把话说到对方的心坎上。

语言不在于长篇大论,却在于精巧奇妙,如同构思精巧的奇文一般环环相扣、严丝合缝,让人找不出一丝破绽,自然也就找不出辩驳的理由。

概括有三大好处:第一,重点突出,容易让人明确你的观点;第二,避免啰唆重复,简洁的语言让听众愉快;第三,层次分明,有利于你自己展现思路而不至于混乱。

说短话,不但要精简说话的内容,长话短说,也要善于运用一定的逻辑串联各个语言段落,这就像用一条线串联起一颗颗珍珠一样。不但说的每一段话,要有趣不拖沓,而且各段话看上去似乎没多大关系,实则都是关联的。如此说话,才会浑然一体,简洁有力。

那么该如何概括、提炼自己要说的一大堆话呢?方法有3种:

1. 关键词概括

关键词法是最为常用的方法。这种方法是用关键词来概括自己的基本观点。当然,这里的关键词也可以放宽为关键句,把那种10个字左右的精练短句,也可理解为关键词。

如果是即兴讲话,你就围绕主题,迅速地在思绪当中抓出3个关键词,然后围绕3个关键词分别展开,这样就不会忘词,也不会思路混乱。比如以健康这个话题为例。如果你要讲"如何确保自己的身体健康"这个话题,可以从3个关键词入手,即"饮食、运动、心态"3个方面。接下来具体讲的时候,可以从3个方面来谈:要有合理的饮食;要进行科学的运动;要保持良好的心态。这样,要点突出,简洁有力。

关键词的概括有三步：扣题、取舍和分解。

第一步是扣题。就是在讲话的时候，即使你的头脑中思绪万千，纷纷扬扬，但你必须强烈地要求自己，只能紧扣立题去抓取关键词。

第二步是取舍。你不能指望把所有想到的素材都用上，一定要舍掉许多你觉得有意思的故事、警句。否则，过多的素材一堆砌，反倒让你陷入混乱与离题的困境。往往选取三个关键词，能够让自己思路清晰。

第三步是分解。只选3个关键词非常重要。但是有些人觉得找不出3个关键词。问题出在哪里呢？出在他用一句高度概括的话，把几个有价值的关键词都囊括进去了。因此要学会分解。

2. 关键词串联概括

说话时，肯定需要表达自己的观点、要求，或是愿望，在这个过程中，要把一些关键词通过某种逻辑串联起来，形成一个完整的表达链。反过来，也可以把一些原本串联在一起的关键词，分开来解读，把自己的观点融入其中。

3. 数字串联概括

数字串联法是在关键词的基础之上，再以数字来串联，使之更容易引起注意和记忆。这种概括方法在古今中外使用都非常多。可以多找些借鉴。

好的表达，不在语言的长度，而在语言的质量。主动明确话题范畴，减少与观点无关的表达，用简练的语言表达观点，更容易被人接受。

第 2 章
精简表达，三言两语说到点上

删繁就简，抓住关键点

人们在陈述观点、交流意见、发表见解时，为了使对方能够快速了解自己的意图，领会话语的要领，往往使用高度概括、精练凝练的语言，提纲挈领地把问题的本质特征表达出来，以取得一语中的、准确达意的效果。不少说话高手都善于高屋建瓴地把握形势，抓住问题的症结，且能用准确精当的语言加以概括表达，充分体现了语言表达的魅力。

若想言简意赅准确达意，表达就要精练、简洁，让听者在最短的时间内获得尽可能多的有效信息。切忌说空话、说大话。

1863年7月1日，美国南北战争中的一场决定性战役，在华盛顿的葛底斯堡打响了。经过三天的鏖战，北方部队大获全胜。

战后，宾夕法尼亚等几个州合资在葛底斯堡建立国家烈士公墓，公葬在此牺牲的全体将士。1863年11月19日公墓举行落成典礼，美国总统林肯应邀到会演讲。这对林肯来说有很大难度，因为这次仪式的主持人是艾弗雷特，林肯只是由于总统的身份，才被邀请"随便讲几句适当的话"的。

艾弗雷特不仅是著名的教授，而且也是当时被公认为美国最有演说能力的人，尤其擅长在纪念仪式上演讲，所以，在这个典礼上，他那长达两个小时的演讲，确实精彩极了。在这种情况下，怎样才能和听众建立良好的交流关系,并最终赢得他们的认可呢?

林肯决定以简洁取胜。结果林肯大获成功。尽管他的演讲只有10句话,可观众的掌声却持续了10分钟。林肯的演讲不仅赢得了在场一万多观众的热烈掌声,而且轰动了全国。当时的报纸评论说:"这篇短小精悍的演说是无价之宝,感情深厚、思想集中、措辞精练,字字句句都很朴实、优雅,行文无疵,完全出乎人们的意料。"

就是艾弗雷特本人第二天也写信给林肯道:"我用了两个小时总算接触到了你所阐明的那个中心思想,而你仅用了几分钟就说得明明白白。"后来,林肯的这次出色的演讲手稿被收藏在图书馆,演讲内容被铸成金文,存入牛津大学,作为英语演讲的最高典范。

林肯这次演讲获得巨大的成功,它给了我们一个启示:简洁精练的语言会使说话的人更具魅力。那么,怎样才能让表达精练、简洁,同时又表述到位呢?做好下面两点,就能达到这一目的。

1. 抓住关键点

在与别人交谈时,只要能抓住关键点不放,将主要的意思说到,就能达到我们所要的效果了。

林肯曾说:在一场官司的辩论过程中,如果第七点议题是关键所在,我宁愿让对方在前六点占上风,而我在最后的第七点获胜。这一点正是我经常打赢官司的主要原因。这里让我们一起看一下林肯是怎样用他的办法打赢一场著名官司的。

在那个官司审判的最后一天,对方律师整整花了两个小时来总结此案。林肯本来可以针对他所提出的论点加以驳斥,但他并未那样做,而是将论点集中到了关键点上,总共花了不到一分钟的时间进行总结。最后,林肯赢得了这场官司。

第 2 章
精简表达，三言两语说到点上

邹韬奋在公祭鲁迅先生的大会上只作了一句话的演讲："今天时候不早了，我愿用一句话来纪念鲁迅先生：许多人是不战而屈，鲁迅先生是战而不屈！"一句话就高度概括了鲁迅先生伟大的人格，这就是抓住了关键点。

无论我们平时和什么样的人说话，都要让对方在最短时间内了解自己要表达的意思。要让对方被自己说服，就必须找出问题的关键点。这也叫作"抓住一点，不及其余"。"言不在多，达意则灵"，讲话简练有力，便能使人兴味不减。

2. 适当删繁就简

"删繁就简"也是培养表达简洁明快的一种有效方法，古代有一首"制鼓歌"，原文16个字：紧蒙鼓皮，密钉钉子，天晴落雨，一样声音。后来有人将其压缩为12个字：紧蒙皮，密钉钉，晴和雨，一样音。更有大胆者将其删后留下8个字：紧蒙，密钉，晴雨，同音。从意义上说，这8个字与20个字相比，丝毫不比原意逊色。

哈里·杜鲁门一生中最推崇简洁的语言。他曾经说过：一个字能说明问题就别用两个字，这是许多政治家的共识。第二次世界大战期间美国人担心日本夜间空袭，于是政府部门颁布了灯火管制命令：

务必做好准备工作。凡因内部或外部照明而显示能见度的所有联邦政府大楼和所有联邦政府使用的非联邦政府大楼，在日军夜间空袭时都应变成漆黑一片。可通过遮盖灯火结构或终止照明的办法实现这种黑暗。

当富兰克林·罗斯福获悉这项指令后，他换上了自己的命令："要求他们在房屋里工作时必须遮上窗户；不工作时，必须关掉电灯。"

哪一种说法听起来更有说服力呢？第一个命令废话连篇，给听者增加理解的负担，只有在删掉那些官样文字后才能明白这条命令。罗斯福的话简短明了，具有活力。这就是简短语言的力量。

需要一提的是，简洁绝非"苟简"，为简而简，以简代精。简洁要从实际效果出发，简得适当，恰到好处，否则，硬是掐头去尾，只能捉襟见肘，挂一漏万，得不偿失。

要使自己的语言精练、简洁，说话干脆果断，不拖泥带水，还要培养分析问题的能力，学会通过事物的表面现象，根据事物的本质特征，进行综合概括。在这个基础上形成交流语言，才能准确、精辟，有力度，有魅力。

郑板桥有诗云："四十年来画竹枝，日间挥写夜间思。冗繁削尽留清瘦，画到生时是熟时。"言不在多，达意则灵，说话要简洁，有重点，不要东拉西扯，不着边际。

第 2 章
精简表达，三言两语说到点上

先想好重点，再简洁表达

说话，不能想到哪儿说到哪儿，重要的话，不重要的话一样对待，洋洋洒洒，混沌一片，必然让听者感觉像雾里看花，听得一塌糊涂。

说话有重点、分主次，是精简表达的一个重要要求，试想一下，如果说话不知道讲重点，那又何来的精简呢？

重要的事详说精说，不重要的事，几句话带过，不浪费太多口舌。比如，你说服一个人加入某个团队，重点要讲加入这个团队的意义，能给他带来的益处等，这是重点。如果一个小时的沟通，你用50分钟闲谈，用10分钟说"加入这个团队的伟大意义"，自然没有多少说服力。

表达先讲重点的人，如果他要和你讲三件事，一定会告诉你，哪件事是重要的，哪件事是次要的，重要的事，他会重点强调。具体来说，体现为以下3点：

1. 总结归纳重点

你是否为了表达某个观点，准备许多理由呢？或是担心说得不够详尽，生怕对方无法领会，为此说了很多呢？事实上，缺乏条理、太复杂的内容，反而会使对方无法掌握重点，甚至感到不耐烦。所以，适宜地将内容归纳成几个重点为好，通常以归纳3个重点为好。因为除了重点,大部分人并没有耐心听你长篇大论。

2. 确认重点的顺序

归纳重点后,该从哪一个开始说明呢?一定要先从最重要的开始。不必按照时间的先后顺序,或先说一些轻松的暖场话,直接切入重点即可。

需要注意的是,你的重点不一定是对方的重点,双方对于重点的理解一定会有差别。要尽量站在对方的角度看问题,最好用对方视角来决定重点。比如,这样的问话:"有两个消息,你想先听好消息?还是坏消息?"让对方决定重点。如此一来,便会节省时间。

3. 多用数据、案例说话

在职场上,尤其是商业往来,数字往往说明一切,也最有说服力。例如,说明业绩不佳的原因,列举诸多例子,不如举出翔实的数据,更能让对方在较短的时间内了解你说的情况。

不论在什么场合,要说什么话题,在开口前要想好你说话的目的,以及要讲的重点,然后再组织语言,言简意赅地表达,这样才能达到节省时间,把事情讲明白清楚的目的。

第 3 章

缜密表达,逻辑严谨无懈可击

没有逻辑的表达,等同于无意义的唠叨。环环相扣,逻辑周延,表达才会无懈可击,让人信服,令人叹服!

清晰地亮明你的观点

表达,最重要的是清楚、准确地传达信息,避免让人产生误解。在《金字塔原理》这本书当中,有这样一个案例:

A对B说:"上个星期,我去了趟苏黎世。你知道,苏黎世是一个比较保守的城市。我们到一家露天餐馆吃饭,你知道吗?在15分钟的时间里,我至少见到了15个留长胡子的人。而且,如果你在纽约的任何一座写字楼周围转一转,你就会发现几乎没有不留长胡子或长头发的人。同样,在伦敦,留长胡子在多年以前就已经是伦敦街头的一景了。"

读完这则故事,你能感觉到什么吗?

你是不是感觉:A究竟想表达什么?从他的描述中,你找不到准确答案,或者说,你只能主观猜测他要表达什么,那他的这种表达对你来说肯定是有问题的,同时,对他来说,表达也是失败的。

为什么?

因为没有逻辑和缺乏清晰的观点,致使表述混乱。

观点,是逻辑的重要一部分,观点不明,逻辑必然混乱,尤其是一些涉及操作性的方法,或是要落地的一些方案,太笼统、

第 3 章
缜密表达，逻辑严谨无懈可击

就没有可操作性，就没有价值，说了等于没说，实行不了。

有人说，同样一件事，我写文章可以把它描述得很清楚，但是讲出来就很难让人理解，为什么？还是逻辑问题。写文章与说话是两码事。文章写出来后可以反复琢磨、修改，但说出的话句句都是"直播"，逻辑不清晰，会增加别人的理解难度。

所以说，要想让对方听清楚你的观点，光靠练习写文章是不够的，在平时的讲话、交谈中，要有针对性地在以下3个方面下些功夫。

1. 重要信息要从多个角度复述

说话不是写文章，不能像倒录音带一样，一句话翻来覆去讲。但是，有些重要的信息，不可以一次过，否则，可能会让人误解。如，我们和人约了见面时间，"晚上九点一刻见"，如果表达不清，对方很容易听成"九点立刻见"，或是理解成"八点四十五分见"（差一刻九点）。为了避免出现这样的误解，所以在确定见面时间时，可以重复一遍，或换个角度讲"九点十五分见"。

再比如，有人在交谈中提出了一个论点，接下来要进行论证，一番讲道理、摆事实下来，他却发现，对方已经忘记他最开始的论点是什么了。这种情况还不算是最差的，有的人讲到一半，人们就不记得他讲的主题了。如果说话的时间较长，在表达的过程中，一定要反复强调自己的主题，最后再进行总结。

在这个问题上，不要过高地估计对方的理解能力。有人做过一个实验：把一句话从A传到B，再从B传到C……等传到E、F时，已经完全变了味儿。这个实验有一个规则：只准传一遍，不许重复。所以重复，特别是多角度地重复，是避免歧义与误解的最好方法。

2. 难以理解的内容要留空白

什么叫留空白？

简单来说，就是在说话的过程中，有意拉大语句的间隔。最常见的例子就是，有些领导上台讲话时，喜欢使用"嗯""啊""这个""那个"，许多时候，不是他们特意留空白，而是无话可说，又不得不说，脑子一时反应不过来，只好用这些词来填充。这是被动留空白，听起来有些拖沓。

这里所说的留空白，是主动留空白。所谓主动留空白，就是说话者脑子要比听众反应快，但在讲完一段话后，会有意识地"等一等"，等大家明白了，再按之前的节奏往下讲。比如，有经验的老师在给学生授课时，经常会留空白，他在讲完一个原理后，会观察大家的面部表情，从中分析哪些人还没有听懂，哪些人一知半解，再根据情况决定是继续讲新内容，还是重新再讲一遍之前的内容。

有些人经常会说"对不对啊""是不是啊"，其实，没什么对不对，是不是，而是在给听众留反应时间，让他们想一想这句话是什么意思。

所以，一段话"听起来清楚"和"读起来清楚"是不一样的。如果不留下反应时间，读起来清楚，听起来可能就糊涂了。

3. 抽象的东西要形象化描述

可操作性，很好理解，难的是怎么去做。有些人说的话为什么听上去慷慨激昂，仔细一想，却很空洞，没什么内容？就是因为抽象的东西太多，能落地的、可操作的东西太少。比如，你向一个人问路，对方回答说："你往前走，左拐，然后右拐，再往前，左拐，再左拐，就到了。"你是不是听得一头雾水？尤其当你的头

第 3 章
缜密表达，逻辑严谨无懈可击

脑中对这个地方没有任何概念时，你还是不知道具体怎么走。如果对方这样回答你："往前走，过了红绿灯，向左拐，再走200米右拐，就可以看到那个大楼。"这样，你的头脑中就会有个线路图，大概知道在什么方位，距离有多远。

想让听者领悟你的意思，按照你的说法去做，就不能太"假大空"，讲什么"多加练习""努力付出""全面深入"，最好讲"一天练八次""每天进行4小时学习""错误率控制在1%以下"等。这样，对方更能准确领悟你的意思。

所以，说话的时候，要想逻辑严谨，不但要把话说对了，说清楚了，还要准确无误地表达自己的观点，减少听者的误解，让表达更有逻辑、更清晰、流畅。

环环相扣,表达无漏洞

衡量一个人表达水平的首要因素是准确、清晰、明白。为达此目的,必须将话题、观点、材料等纳入一定的思路之中,予以清理、分析,用一根思维的彩带将各个环节串在一起。

理清思路的方法有两种:其一,组织一定的表达形式,按一定的顺序展开,从开头到结尾,都要符合事物的发展规律,符合事理推演的逻辑秩序。这是构思过程中理清思路时必须事先考虑的,这样才会轮廓分明。其二,将问题分门别类,观点排列有序,即把所要阐述的观点或解说的事物按一定的次序排列起来,先说什么,再说什么,在脑子里列出个甲乙丙丁、一二三四,这样才会使要说的内容有条不紊。

要使说话条分缕析、头头是道,就必须安排好表达时的话语语义组合。人们说话总得承前启后,一句接着一句,这是由言语陈述的线性特点决定的。对人说话时,每一个句子都有自己的话题起点,即陈述对象,也叫"主位",代表旧信息;后边的话是对话题起点的陈述,也叫"述位",传递新信息。句子的表述过程就是由旧信息到新信息的过渡过程。

在完成一个由许多句子组成的言语行为过程中,人们说完一句话后,就要考虑下一句话的表述应选择什么样的主体作为新信息的起点，是仍然以上一句的主位作为下一句的主位呢，还是将上一句的"述位"作为下一句的主位呢？

人们每说完一句话，都面临着同样的选择，直至表达完毕。这种过程中的主位关系被称作"主位推进程序"。这种"主位推进程序"既体现出思维路线之魂，又体现出话语框架之形，很值得思索、借鉴。

大致说来，表述性话语语义组合有如下3种推进程序。

1. 时空排列

如："从前有座山，山里有座庙，庙里有个老和尚，老和尚给小和尚讲故事……"这种表述推进程序以时空坐标点为主位，引出一个述位，然后不断变换成新的主位和新的述位。

2. 连贯表述

这种说话方式，只有一个共同的主位，每一句表述又都为这个主位附上新的述位，体现一种步步推进的事理关系。一次，一位领导睡觉时，被工作人员惊醒，便发了火，该工作人员说："怪我不好，是我……"

领导急忙说："委屈你了……我工作忙，脑子里想事多。睡着不容易，烦躁情绪就不好控制。我已经认错了。我也忙嘛，我也是人嘛，有点脾气的人。我们要互相体谅。"这便是典型的连贯表述，显得十分清晰。

3. 总分相承

我们在说话时，前文与后文是相对而言的，一般后文是对前文的延伸。前文或总或分，后文可分承或总说，这便是总分相承。如一篇点评电影《焦裕禄》的文章中有这样一段话："有两种干部，一种是，清早，一杯茶水，中午，一肚油水，晚上，一肚酒水；

另一种是,清晨,一身露水,中午,一身泥水,晚上,一身汗水。"

这里,前文的"有两种干部"是述位,语义是总说,后边的"一种""另一种"是分别承接述说,为下面两句的主位。

上述3种主位推进程序在语义上都是一种逻辑程序,或时间顺序,或空间线索,或事理关系等,都是围绕着一个中心、顺着一条逻辑线索展开,因而能使表达中心突出,条理明晰。

总之,一环扣一环,前后相承,环环相扣,逻辑周延,表达才会无懈可击。如果逻辑上有漏洞,那么即使是一环,也无法支撑起完整的表达来。

表达的逻辑准确性要求

表达准确是运用语言与他人交流的基本要求。任何一个人所说出的话，如果失去了准确性，不但没有任何水平可言，而且还会失去他人的信任。

表达准确一般包括如下几个方面：

1. 语言环境的准确性

在交际活动过程中，说话能够适宜环境，是十分必要的。语言的准确运用，首先是语言运用的条件限定，其次是指准确地使用语言。

所谓条件的限定，具体来说，就是语言的运用是由各种特定的客观环境，以及交际活动的特定内容来决定的。任何一个人，不仅在社会活动中有特定的地位，同时，他又是一个现实的社会人，因此，他就需要运用语言来表达、反映自己的思想和意愿，但是又不能乱说，因而就需要由特定的客观环境以及特定的交际内容，来予以限制与决定其语言运用的范围。如果将环境与内容两个方面综合起来，就形成了表达的语言环境。

2. 语言运用的准确性

说话场合确定以后，就需要正确地使用语言。在这里，正确地使用语言，就是语言运用的最大技巧，也就是每个人驾驭语言的基本方式方法。在语言的驾驭上每个人有每个人的特点，如果按标准性的要求来说，一般要具备这样几个条件：

第一，要认识明确。对一种事物自己尚且不知其所以然，其语言的运用也必然暧昧不清。

第二，要建立宏大的"词汇库"。如果词汇贫乏，语言单调，势必影响表达。

第三，语言运用要有感情色彩。感情色彩主要是指褒贬语词的正确使用，这种语词的使用是对内心世界的真实表达。

第四，对古语及国外的一些优秀语言的使用。在语言的运用过程中，如果恰到好处地使用一些有生命力的古代语言文字和国外的一些优秀语言，就可以更加丰富自己的语言，也能更加准确地进行表达。

语言运用的准确性，还表现在语言的精练上，即需要尽量使用最少的词句而准确地陈述出所要叙述的内容。正如有人说："言简意赅的句子，一经了解，就能牢牢记住，变成口号，而这是冗长的论述绝对做不到的。"

3. 说明问题的准确性

在运用语言进行某些问题的交谈时，必须要准确地说明问题，要避免出现不知所云、不知所往的情况，必须注意说明问题的准确性。如果只是口若悬河，滔滔不绝，却没有把所要说明的问题"是什么""为什么""怎么办"说清楚，这就很难使交际活动获得成功。

4. 掌握知识的准确性

培根有句名言："知识就是力量"，可见知识在人类历史进程中的巨大作用。运用语言进行交际活动时，首先必须掌握丰富的

第 3 章
缜密表达,逻辑严谨无懈可击

知识,如果没有丰富的知识,那么表达就会表现得浅薄、粗俗、蹩脚、空泛而缺乏吸引力。

在知识丰富的基础上,还要使知识的掌握趋于准确,只有掌握的知识准确了,表达才能准确。知识掌握错了,表达也就会失之偏颇。

每个人都有辨别真假的能力,如果你的表达不够准确,势必不会取得对方的信任,相反,如果你的表达准确,就会提高对方的信任度,所以,我们一定要努力提高表达的准确度,以取信于人。

说话缜密,离不开形式逻辑

要想说话缜密,说话的逻辑一定要严密、有条理。可以通过逻辑分析的方式,把自己说话的目的明明白白地表露出来。

说话首先要严格遵循形式逻辑的基本规律。形式逻辑是研究思维形式及其规律的科学。思维形式是指人们思考问题时所用的概念、判断、推理。思维规律是我们在运用概念、判断、推理进行思维活动时必须遵守的规律,即"同一律""矛盾律""排中律""充足理由律"。

这些规律要求人们思考问题和表达思想时,要保持同一性,不能自相矛盾、模棱两可,要有充足的理由等。遵循这4条基本规律,是说话具有严密逻辑性的总体表现和要求,必须贯穿于说话的全过程,体现在说话的每一个环节中。

1. 概念明确

求同去异是同一律在说话中的具体运用。同一律要求在同一思维过程中,每一思想必须与其自身保持同一性。也就是说,每一个概念、判断都是确定的,是什么就是什么;一个判断是真的就是真的,是假的就是假的。一篇话语中必须有一个确定的思想,这个思想是贯穿整篇话语的中心,不准有另外的中心,否则就违反了同一律。

第 3 章
缜密表达，逻辑严谨无懈可击

说话中运用同一律要做到以下几点：

1）概念必须明确

在同一思维过程中所用概念要有确定的内容，也就是有确定的内涵和外延。如果概念保持了确定性，那么运用概念进行判断和推理，也就可以保持确定性。相反，如果概念内容不确定，内涵和外延不明确，语言表述就难以做到准确、具体，就容易造成思想混乱。

某领导在一次会议上，要求与会的领导干部要切实加强学习。他说："领导干部要切实加强对社会科学、哲学、政治经济学、历史学及社会主义市场经济知识的学习。"这句话就犯了逻辑错误。对社会科学、经济学的概念不明确。经济学、哲学、历史等都包含在社会科学的外延内，不能并用。社会主义市场经济知识也包含在政治经济学的外延之内，也不能并用。正确的表述应该是："领导干部要切实加强对哲学、政治经济学、历史学等社会科学的学习，尤其要加强对社会主义市场经济知识的学习。"

有人说："管理很重要，管理水平的高低是企业取得良好效益的重要条件。"这句话的错误在于管理水平的高低是取得良好效益的重要条件这个判断上。就这句话来分析，是说无论管理水平高还是低，都能取得好效益。这显然是不对的。正确的说法应该是："提高管理水平，是企业取得良好效益的重要条件。"

2）不能随意转移说话主题

在一篇话语中要有一个确定的思想，这个思想必须是贯穿整篇话语的中心，不准有另外的中心，也不准随意转移中心。否则，一篇话语有好几个中心，听者就不知道你在讲什么，你在表述什么思想；随意转移中心话题，容易给人造成错觉，分散听众注意力。一些人在说话时经常犯的错误就是脱离主题，任意发挥，海阔天空，想到哪里说到哪里，让听众如坠云雾，不知所云。

如在经济运行分析上，说话的重点应该是深刻分析经济运行中存在的突出困难和问题、造成的原因、今后应该采取什么对策加快经济发展。说话中谈到经济数据不实、虚假现象严重、水分多的问题是可以的。假如你离开经济这个主体，对官僚主义、弄虚作假、报喜不报忧等问题进行痛斥，大谈其危害和表现，这恐怕就离题太远。听众的注意力就会被引导到一些枝节问题上，影响说话效果。

因此说话时，一定要心中装着主题、想着主题，紧紧围绕主题说。在围绕某一具体问题展开讲解时，也不能偏离这个大主题，既要放得开，又要收得拢。

3）不能混淆和偷换概念

概念和判断的确定性，是指在同一时间、同一关系下对同一对象来说的。说话中不要转移论题，偷换概念，否则就会犯诡辩论的错误。

古希腊的一个诡辩论者对他的朋友说："你没有失掉的东西，那么你就有这件东西，是不是这样？"对方回答说："是这样。"这个诡辩论者接着说："你没有失掉头上的角吧？那么你头上就有角了。"

"没有失掉的东西"应指原来就有现在还没有失掉的东西，不是指从来就没有的东西。诡辩论者在第一句话中说的就是这个意思，而后一句"没有失掉的东西"则变成了从来就没有的东西。前后两句"没有失掉的东西"概念不同，从而得出了荒谬的结论。

2. 判断准确

矛盾律要求在同一思维过程中,两个互相反对或互相矛盾的判断不能同时都真,其中至少有一个是假的,或两个都是假的。如果同时为真,就是自相矛盾。如"我基本上完全同意他的意见"。这句话就违反了矛盾律的错误。"基本上"与"完全"是两个有着不同逻辑意义的词语。"基本上"具有"绝大部分但不完全"的含义。这句话表达了"我既不完全,但又完全同意他的意见"的意思,这就在同一思维过程中对同一对象做出了两个互相矛盾的断定。

在辩论中抓住对方言论中自相矛盾的地方予以驳斥,往往具有很强的说服力。

3. 观点鲜明

排中律要求在同一思维过程中,两个互相矛盾的判断不能同时都假,其中必有一个是真的。这就要求在说话中表述的思想观点必须鲜明,是什么就是什么,不能含糊其词、模棱两可、折中骑墙。

如某单位在研究是否给某人纪律处分时,一位领导说:"我是不赞成给他处分的,但也不赞成不给他处分,我认为适当给予处分也是必要的。"这位领导的话显然违反了排中律的要求。"赞成给他处分"与"赞成不给他处分"是两个相互矛盾的思想,对这两个相互矛盾的思想同时加以否定,既不赞成给他处分,也不赞成不给他处分,陷入了含糊其词的境地,让人无法捉摸,不知道他到底是什么态度。

4. 论据充分

充足理由律要求在思维论证过程中,要确定一个判断是真的,必须要有充足的理由。这就是人们常说的言之有理、持之有据。

在说话中运用充足理由律，要求以大量的事实为论据来为说话主题服务，运用的例子要真实、准确，经得起实践的检验和推敲，不能引用差不多、大概、可能之类的资料，更不能胡编乱造。只有所用材料准确可靠，说话才能做到事真、情真、理真，才能令人信服。如果引用的资料被听众发现有失实或错误之处，那么所使用的全部资料都将被听众怀疑，整个说话的可信度也将被大打折扣。

第 3 章
缤密表达，逻辑严谨无懈可击

不要违反语言逻辑规则

说话不能靠材料堆积吸引人，而要靠内在的逻辑力量吸引人，这样才有深度，才能取信于人。与写作相比，说话是口耳相传的语言活动，没有过多的时间让听众思考，所以逻辑关系要更为清晰、严密。

话语的结构要求明了，善于提出问题、分析问题、解决问题。观点和材料的排列，要便于理解、记忆和思考，所以要较多地采用由近及远、由浅入深、由已知到未知的顺序安排。时间顺序最好按过去、现在、未来进行安排，这样容易被听者记住，并能给听者留下深刻的印象。

正由于此，表达上尽量要严密，有条理，通过逻辑分析的方式，把自己说话的目的明明白白地表露出来，切忌违反逻辑性规则。以下几点都违反了语言逻辑规则。

1. 言行不一

言行不一，就是说的是一套，做的又是与说的相矛盾的一套，即言行不一致。现实生活中，这种现象是非常普遍的，尤其是那些心术不正的人，他们为达到某种不可告人的目的，往往假以美言，说得很好听，以蒙骗听者，然后再施以丑行。因此对那种夸夸其谈、自我标榜的表达，应提高警惕。

2. 背离中心

背离中心，就是本来说的是这件事、这个问题，但说着说着，话题竟跑到另一个上面去了，出现了前后不一现象。

英国大主教威尔勃福斯在科学协会做反对达尔文进化论的长篇演说。当他说得最起劲时，突然攻击起支持达尔文学说的赫胥黎教授来：

"赫胥黎教授就坐在我旁边，他是想等我一坐下就把我撕成碎片，因为照他的信仰，人是由猿变的嘛！不过我倒要问问：这个猴子子孙的资格，到底是从祖母那里得来的，还是从祖父那里得来的呢？"

大主教的人身攻击就完全是背离主题的，叫作前言不搭后语。

3. 偷换概念

偷换概念，就是故意拿不同的概念来换掉原来确定的概念，以造成混乱。如某建筑工人上班忘戴安全帽，安检员不准他进入施工现场。他指着围栏门上挂着的一个牌子说："我是按规定才不戴安全帽来上班的。你看，这不写着'非工作人员不得入内'吗？安全帽当然是'非工作人员'，我怎么能够戴着它入内呢？"

这里，"非工作人员"的概念就是被该建筑工人偷换了。

4. 混淆概念

混淆概念，就是把本来不是相同的概念当成相同的概念来使用，或者是把同一个概念在不同的含义下混同使用。如一个学生砸坏了教室的窗玻璃，老师批评他不爱护人民财产，要他赔偿。他说："人民财产，人民都有份，我砸烂的是我那一份，我赔给谁？"

这个学生将"人民"这个概念在集合意义下的使用同在非集合意义下的使用混同起来了。"人民"是所有人的集合体，其性质是不为它的组成分子（即每一个具体的人）所具有。

第 3 章
缜密表达，逻辑严谨无懈可击

有层次表达，要"一二三"排开

从一定意义上讲，逻辑，意味着层次。表达有逻辑的人说话总是"一二三"排开，不是为了模仿领导做派，而是为了表达更清晰——先说主干思想，再展开论述。同时，说话严谨，有逻辑，能经得起推敲，可以自圆其说，不会给人胡言乱语的感觉。

层次分明，条理清楚，能够让对话者更快速地理解你要表达的想法，让对话的效率更高。所以说，从一个人讲话内容的层次方面，可以看出他的逻辑，同样，从他说话的逻辑性，也能判断出他的社会层次。

这里的"层次"，有以下3层意思：

第一层：指说话条理清楚，分层次。

会说话的人，一句话说清楚的，不用两句，很少讲空话、废话，而是言之有物，有始有终，有重点。因为他们有意识地运用简单化表达顺序，比如第一，第二，第三；过去，现在，未来；昨天，今天，明天；最重要，次重要，等等。再就是，他们能够掌握说话的"语言框架"，如时间关系、空间关系、因果关系、递进关系、并列关系、对比关系、总分关系。

比如，演讲中，很多人经常采用"1-3-3-3-1"模式。即在演讲的开头使用一个总起句，结尾使用一个小结句，中间分3个分论点，每个分论点由3个句子组成的演讲结构。

通过这种结构组织起来的演讲，思路清晰，结构完整，比重均衡，重点突出，与商务环境下的简短陈述非常接近，可以给听众留下非常好的印象。

由于总起句和小结句的句式一般都大同小异，可以通过提前准备熟练掌握。因此，采取"1-3-3-3-1"结构时，演讲者只需对中间的分论点部分有的放矢地进行准备，更易于从整体上把握演讲的布局，不致头重脚轻。

在平时，要让自己的讲话有层次，最好在开口前先打好腹稿，按一二三规律讲，第一点是，第二点是……注意不把第三点和第一点说重复。有时为了强调可重复。

第二层：指说话有水平，上层次。

以演讲为例，演讲水平分为3个层级，按层级来理解、训练、提升、展示，便可以掌握演讲的基本规律和基本内涵。

第一个层级：基础层。掌握眼、口、手3个技巧，掌握演讲内容的基本框架。前3分钟尽量慢，才能稳住阵脚，压住全场。

第二个层级：语言层。也就是展现个人的语言魅力，通俗地说，就是表达能力。要综合运用各种语言技巧，多管齐下，让表达富有魅力。

第三个层级：目标层。这个目标就是说服听众，或者感染到听众，达到预期的演讲目的。要达到这个层次，需要掌握高超的语言艺术，演讲要充满激情，要善于煽情。

如果你能达到第一个层级，可以叫作演讲人，你基本上可以应付日常的一些演讲，说话基本不会跑调，如汇报工作、开会讨论问题等。如果你能达到第二层级，可以叫作演讲专业户，你的演讲会充满趣味性，让人爱听，你基本上可以应付各种大大小小的演讲。如果你能达到第三层级，可以叫作演讲家，你的演讲会有煽动性，会让观众产生强烈的认同和共鸣。

第三层：指社会地位高，有层次。

说话最能反映一个人的能力、水平，以及社会层次。有些人看着很端庄，形象也好，但是一开口，就叫人大跌眼镜。因为他说出的话与他的形象、身份、气质不符，这个时候，对方宁愿相信他的话只能代表他的个性与能力。相反，有些人其貌不扬，但说话很有水平，那别人就会高看一眼。

不同社会层次的人，想在一起愉快交流，那么双方要懂得"迎合"对方。像一些专业性的讲座，讲师可以用专业术语，但面对小学生时，那就多些童趣；如果面对的是普通的听众，那就通俗一点；如果面对的是业内人士，那就专业一点。

说话有逻辑在一定程度上体现为说话有层次，反过来，说话有层次反映出说话的逻辑性。所以，想要让表达出彩，必须注重说话的逻辑与层次。说话没有逻辑，就谈不上层次，显不出水平。

遵循时间逻辑表达

什么是遵循时间逻辑表达？

遵循时间逻辑表达就是在阐述自己的观点时，按照时间顺序来计划和组织相关的分论点。由于时间顺序容易察觉，也便于听众理解和记忆，所以它是阐述观点、问题时常被使用的一种逻辑顺序。平时，我们与他人的交流，几乎都是依据时间顺序来展开的。

以下是白岩松在耶鲁大学做的题为"我的故乡以及背后的中国梦"的演讲稿的一部分，来体会一下在表达中如何使用时间逻辑来组织分论点。

"过去的20年，中国一直在跟美国的三任总统打交道，但是今天到了耶鲁大学我才知道，其实中国只在跟一所学校打交道……我要讲五个年份，第一要讲的年份是1968年，那一年我出生了。

"……很显然，我的出生非常不是时候，不仅对于当时的中国来说，对于世界来说，似乎都有些问题。1978年，10年之后。我10岁，我依然生活在我出生时候的那个地方，那个只有20万人的小城市……

"接下来的年份该讲1988年了，那一年我20岁……当然，我知道那一年1988年对于耶鲁大学来说也格外重要，因为你们的校友又一次成为美国的总统。

第 3 章
缜密表达，逻辑严谨无懈可击

"好，接下来又是一个新的年份，1998年，那一年我三十岁。我已经成为中央电视台的一个新闻节目主持人。更重要的是，我已经成为一个1岁孩子的父亲……

"接下来我要讲述的是2008年这一年，这一年我40岁。很多年大家不再谈论的'我有一个梦想'这句话在这一年我听到太多的美国人在讲……"

从白岩松的这篇演讲中，我们可以清晰地看到其中的时间逻辑。

在演讲的一开始，白岩松就直接告诉听众他演讲的逻辑是什么，他将会讲几点，这样听众就心中有数，知道他的演讲是怎么展开的。

不只是演讲，在其他场合，要有逻辑地表述自己的观点，或陈述一个事实，也要注意其中的时间顺序。一般来说，人们都喜欢按照事情发生的先后顺序进行表述，这符合事物发展的规律，也便于听众的理解和记忆。只有在特殊情况下，可以使用倒叙，或者是跳跃式的方法来组织讲话内容，因为那样不利于对方接受传递中的信息。

总之，时间逻辑是人们表述观点的一个重要逻辑，有时可以用它来组织整个表述的分论点，有时也可以用在某个部分的论述上。这样的例子不胜枚举。史蒂夫·乔布斯在苹果手机发布会上的经典演讲中也使用了时间逻辑，他采用了"1984年革命性的Macintosh——今天三款革命性产品（实际上是一个三合一的革命性产品iphone）"这样的顺序。

总之，时间逻辑是最符合事物发展的自然规律，是最容易识别、理解和记忆的逻辑，也是一种最普遍的表达逻辑。所以，如果你不知道如何展开你心中的"故事"，不妨从时间逻辑的角度试一试。

让你的表达更有逻辑性

很多人都知晓运用语言艺术的重要性，但是，多数也只知道运用语言的措辞艺术，而对语言表达逻辑的作用却知之甚少。要知道，讲究逻辑性会让你的表达更有力量，效果更好。某市一家艺术照相馆为了招徕顾客，在门前贴出一张"如顾客对我店拍摄的照片不满意，可以重拍，分文不取"的广告。一天，一位年轻女性对在此拍的艺术照不甚满意，便找上门来，摄影师二话没说，为她重拍了一张。不料她取照时又有意见，仍然要求重拍。

这时摄影师对这位女性说："你如果能合理地指出这张照片让人不满意的地方，我就再给您重拍。"

女士说："这张照片拍得不美。"

摄影师说："请您说得再具体点。"

女士说："眼睛小，脸太胖。"

听后，摄影师说："你是说你的眼睛很大，被我拍小了，脸很瘦被我拍胖了，可我要提醒你，拍照中，你的脸是主体，照片是它的影像反映，两者的位置是相互倒映的，而物像是相同的。夫人，我现在给你一面镜子，你拿着照片对照一会儿，如看出不同来，我再给你补照。"说着递给她一面镜子。当这位女士照镜子时，摄影师去屋角整了一下灯光，当摄影师回来时，那位女士已经走了。

第 3 章
缜密表达,逻辑严谨无懈可击

确切地说,那位女士对照片还是不满意,但在摄影师严谨的辩说中,她无可辩驳,于是只好不辞而别了。

摄影师的反驳是富含逻辑的。这是一种对问题追根寻源的思想方法。世界上的一切事物间都是存在具体关系的,因果关系便是其中之一。因果关系是一种最基本的逻辑关系,将逻辑关系应用于语言环境中来,可增强语言的表达效果:既可增强肯定的效果,也可增强否定的效果,上面的例子,即是语言上的否定效果。

以这个例子说明一下这个问题:照片上女士的样子是不美的,照片是摄影师拍的,就摄影师本身来说,无论摄影师怎样解释,女士都不会满意,在女士看来,总之是你(摄影师)没拍好。但摄影师运用了因果逻辑,因果逻辑的概念就是"种瓜得瓜,种豆得豆",所以,摄影师的潜台词是:因为你长得不美,所以照片也不美,这是你的原因,与拍摄技术无关。

由于摄影师从逻辑上做到了严丝合缝,所以,年轻女士也就无言以对了,可以说,运用语言逻辑艺术在许多场合下都是可以收到非常好的效果的。

再看一例:

一个司机因酒后驾驶被交警处以15天拘留的处罚,他本人不服,起诉到法院,他对法官说:"我只是喝了些酒,并不像他们所说的喝醉了酒开车。"

面对他的狡辩,法官却明确告诉他:"是的,所以才判罚你半个月拘留,而不判你拘留15天。"

法官的话幽默而含蓄地说明了"喝了些酒"与"喝醉了酒"都是"酒后驾驶"的违章行为,这同"半个月拘留"和"拘留15天"一样,是一回事,因此没有必要再去纠缠。

事物的因果关系转为语言表述,即形成语言逻辑关系。那么如何才能让自己的表达有清晰的逻辑呢?下面是让表达具有清晰逻辑的五大原则:

1. 设置疑问

表达的开始设置疑问,可以给听者提供一个环境,让他们知道将关注点放在哪里,需要做什么,从而才能更好地接收你后面的信息。至于如何设置疑问,则需要视具体情况而定。

2. 少说无关信息

表达时注意不要掺杂过多的无用信息,那样会让听者不清楚你的表达重点,听得一头雾水,所以,在陈诉一件事或者表达一个观点时,尽量直接阐明,尽量少掺杂无关的信息。

3. 结论先行

通常在寻找事情的答案时,用演绎推理一步步从前向后推演,最后得出答案。但是在描述事情的时候,却往往要用归纳推理的方式将它们呈现出来,也就是在描述事情时,通常要结论先行。结论先行的好处是吸引听者注意,知道你要讲什么。

4. 归纳分类

当你要表述的事情不止一件时,归纳分类就显得非常有必要。好处就是论述清晰,容易让人记住。

5. 合理排列

表达还有一个排列的问题。如果你的表述中有很多观点,就要对众多观点有序排列,这样才能让表述的观点更具逻辑性。通常可以按重要程度、因果、时间、结构排列。

第4章

到位表达,把话说到对方心坎上

说到心坎上的表达才会引发共鸣,才会产生效应。所以,要想表达精准,不仅要用嘴,更要用"心"。

第一句话就扣人心扉

首因效应告诉我们,第一印象很重要,其中也包括见面后的第一句话。要想在短暂的时间内,达到心灵上的共鸣,说好第一句话至关重要。

林非是我国著名散文研究家。在一次全国散文研讨会上,主持人邀请林非发言。在发言中,他以一些代表的房间门上贴的"请勿骚扰"为例,谈语言的轻重问题。

当天晚上,他很想听听代表们对他这次谈话的意见,就来到一间门上贴有"请勿骚扰"字条的代表的房间。

一进门,他便笑着对在座的人说:"各位,我现在来骚扰大家了!"

大家一见是林非,立即站起来说:"欢迎骚扰!欢迎骚扰!"

就这么两句话,使得整个房间的气氛活跃起来。大家互相问候,然后畅所欲言,各抒己见,就散文的语言问题展开了热烈的讨论。

按理说,林非就"请勿骚扰"为题,谈了散文语言的轻重,大家可能会对他有些看法,但是大家却谈得十分愉快,这与林非的第一句话有关系。

一句"我来骚扰大家了",这种谈笑式的语言消除了人们之间的陌生感,密切了大家之间的关系,所以收到了良好的效果。可见,这第一句话至关重要。

再来看看这个生活实例:

胡老师有一次被邀请到外地一所大学去讲学。至于怎样开讲,胡老师心里也没谱,如果按照常规的开讲:"老师们、同学们:大家下午好!很高兴来到你们……"也未尝不可。刚巧,听到主持人介绍:"下面就请胡老师来给大家做报告。"胡老师灵机一动,拿过话筒,接着说道:"我不是来为诸君做报告的,我是来'胡说'的。"

话音刚落,听众大笑。讲学在融洽的气氛下顺利进行。

下面是常见的说好第一句话的要求:

1. 适当套近乎

套近乎的目的是为了接近与对方的感情距离,用最短的时间取得对方的信任,这就要求套近乎的语言要中肯、实在、简洁、有效。

三国时期,在赤壁之战中,鲁肃见诸葛亮的开场白是:"我,子瑜友也。"子瑜,就是诸葛亮的哥哥诸葛瑾,他是鲁肃的忘年之交。短短的一句话就有效地拉近了鲁肃跟诸葛亮之间的关系。

实际上,任何两个人,只要彼此留意,就不难发现双方有着这样或那样的"亲""友"关系。譬如:"你是北京大学毕业生,我曾在北大进修过四年。说起来,我们还是校友呢!""您是文艺界老前辈了,我也是个文艺爱好者;咱俩真是'近亲'啊。""您来自皖南,我出生在皖北,两地相隔咫尺。今天得遇同乡,令人欣慰!"

这种初次见面互相套近乎式的谈话方式很容易让人在短时间

内产生一见如故的印象,使后续的谈话或是以后的交往有让人产生相见恨晚的感觉。

2. 恰到好处恭维

对陌生人表示敬重、仰慕,这是热情有礼的表现。用这种方式必须注意:掌握分寸,恰到好处,不能胡乱吹捧,说话的内容要因时因地而异。例如:"您的作品我曾经观赏过多遍,受益匪浅。想不到今天竟能在这里一睹您的风采!""今天是八一建军节,在这光辉的节日里,我能见到您这位立下赫赫战功的老战士,实感荣幸。""桂林山水甲天下,很高兴能在这里见到同样美丽的您!"这些即兴、中肯的语言会让对方听起来正中下怀,非常舒服。

3. 适时寒暄

如果我们到一个陌生的地方办事,或到一个新单位工作,我们面对的无疑都是新面孔。按常理我们干工作或与之交流会感到拘束、不方便、心理有压力,但是,如果我们是一位口才高手,仅凭一张嘴,不管到任何地方,都能与对方融为一体,比如:有这样一个小场景,一个南方人到东北办理业务,先他住进同一房间的陌生人,表面看上去很刻板、严肃,但这位南方人却像见到老熟人一样打起招呼:"像我们这样常出门的人,朋友就是多呀,这不,又有新朋友了。"

听南方人这样打招呼,那位客人立刻也是一副笑脸:"可不是吗?我们这些跑业务的朋友到处都有。"很快,两人就熟络起来,从陌生人变成了朋友。

总之,初次见面,一定要斟酌好语言,想好如何表达,努力让第一句话就成功叩开对方的心扉,从而推进双方的关系,由陌生到熟识,由熟识到成为朋友。

就对方感兴趣的话题交谈

经验告诉我们,要想取得良好的表达效果,表达时一定要找准话题,也就是就对方感兴趣的话题与对方交谈,这样才有可能把话说到对方的心窝里,如果话题不对,是很难能够取得良好的表达效果。所以,表达,话题很重要。

一位新上任的村妇联主任,面对的是一群没有多少文化的妇女,在这样场合下如何讲话便成了问题。她在就职演讲时既没有讲眼前形势,也没说今后措施;既没谈妇女的地位,也没讲管理的意义。面对全村妇女,她是这样说的:"大伙选我,算是瞧得起我,请婶子大娘姐妹们放心,我也是女人,也有丈夫、有家,也怀孕生过孩子,我知道咱们妇女最关心什么,这样,我先试着干一年,干不好,大伙再另选别人。"

一番话贴近了人们的心,赢得了一阵阵掌声。

表达时,要先了解对方的内心,瞄准目标,这样才可能一语中的,把话说到对方的心窝上。

艾文是一位社会福利院工作人员。一次福利院要举办一场大型的宣传生命健康的公益活动,要求工作人员面向社会募集资金赞助。艾文想到了自己认识的一家公司的经理,之前他听说过这位经理热衷于慈善事业，曾向一所小学捐助100万人民币帮助学校修缮教室、美化校园。想到这里，艾文知道了自己应该如何去开展这次公关活动了。

艾文在见到这位经理后，说："我还未曾听说咱们市有人如此慷慨，如此热衷慈善事业，这真是我市人民的福分。我要回去向孩子们说，这件事是千真万确的。"

听到这里，这位经理非常愉快地把相关资料拿给艾文看，以证明确有此事，而艾文则赞叹不已，并询问相关情况，这位经理饶有兴趣地告诉了他。

之后，经理问艾文："你来找我有什么事吗？"此时，艾文才将自己的来意说明。不出艾文的意料，这位经理非常爽快地答应艾文，自己将为这次活动赞助20万元人民币，并建议活动规模应更大些，以扩大宣传力度。艾文欣然答应会郑重考虑这个建议。

这次拉赞助活动之所以如此顺利，和艾文高质量表达有着直接的关系。他"投其所好"，谈了对方感兴趣的话题，从而使对方愿意和他交谈，宾主双方在谈话中产生了共鸣，情感得到宣泄，事情也就水到渠成了。可以试想一下，如果艾文与对方一见面就提出赞助的请求，恐怕结果会让他大失所望。

一位哈佛大学教授和一名泥水匠，两者的生活似乎隔得很远，但是，如果这个泥水匠的孩子正在哈佛上学，那么，泥水匠就可以就这方面的问题与对方交流，可能就会获得良好的效果。实际上，只要留心和注意观察，再加以试探，就不难找到可以打动对方的话题。

通常可通过下列方法找寻合适的话题：

第 4 章
到位表达，把话说到对方心坎上

1. 围绕事业追求，找"闪光点"

事业是一个人安身立命之本，所以与年轻人谈起事业，容易找到话题的"闪光点"。而且还可能谈得热火朝天。

2. 围绕兴趣爱好，找"共鸣点"

兴趣爱好几乎是每个人都有的，即使是一个内向的人，如果谈起他的兴趣爱好，他也会放开拘泥，滔滔不绝讲起来。

如果是和不熟悉的人聊天，由于不知道对方的爱好，可以提一些开放性问题让对方回答，但是需要记住，不要问"你是不是……"这样的问题，往往别人回答了是或不是以后，就又会进入沉默状态。

要这样问："你认为……怎么样"，这样的问题，一方面对方可以发表自己的意见，有话可说；另一方面你也可以从中知道对方对某事物的看法，从而找到你们共同感兴趣的话题。

当然，你也可以适当说出自己喜欢的东西，抛砖引玉，往往你在寻找话题的同时，别人也会配合你，也会寻找你喜欢的话题与你交流。这样，就不愁找不到一个好的话题了。

3. 围绕环境氛围，找"着眼点"

聊天总要处于一个环境氛围，如果能适时抓住聊天的环境氛围，也可以制造出很多轻松的话题。

4. 围绕社会生活，找"兴奋点"

社会生活变幻万千，无论是谁，在生活中总有一些令他感受深切的体会，以及感兴趣的事，将这些体会和最感兴趣的事说出来，讨论讨论，可能就是一个很好的可以引发谈兴的话题。

一般来说，一个好的能够引起人们兴趣的话题有3个鲜明的特征：

（1）敏感的话题。一般来说，话题越敏感就越容易引起人们的注意，也越能挑起人们的兴趣，吸引他们积极参与进来。

（2）有趣的话题。人的天性里有八卦的因子，由此，有趣的话题往往可以满足人们那颗追求八卦的好奇心。

（3）利益的话题。关乎人们切身利益的话题，通常能够引起人们的兴趣。比如理财、房产、法律。

找准话题，重点在引，目的在导，用话打动对方，使对方有话可说，诱发对方谈话的兴趣。交谈中，如果发现对方对刚才的话题不感兴趣，马上转移话题，不要恋战。

转换话题有3种很自然的方法：

（1）让旧的话题自行消失。当你觉得这个话题已经没有什么新的发展的时候，你就停止在这方面发表见解，让大家保持片刻的沉默，然后开始另一个话题。

（2）在谈话进行当中不经意地插入别的话题，把旧的话题打断。但不要使人觉得太突然，也不要在别人还有话要讲的时候打断。

（3）将旧的话题往前引申一步，转换到新话题上。例如，大家在谈一部正在上映的好电影，等到谈得差不多的时候，你可以说："这部电影叫好又叫座，听说有一部新片就要开映。"新片又将吸引大家的注意力，这几句话就把话题转变了。

双方交谈，有了一个好的话题就能使谈话融洽自如，取得良好的表达效果。好话题，是初步交谈的媒介、深入细谈的基础、纵情畅谈的开端，所以，要想有机会好好表达、有机会把话说到对方的心窝里，就要费些心思找准一个合适的话题。

利用对方渴望被重视的心理

成功学大师卡耐基说,人人都有渴望得到重视的心理需求,没有人愿意被人小看。心理学家弗洛伊德也说:"每个人都有想要成为伟人的欲望,这是推动人们不断努力做事的原始动力之一。"

现实生活中,每个人都在努力、奋斗,希望让自己生活得更好,得到更多的尊重与认可,鲜有人甘堕落、遭人鄙视。这是因为,渴求别人的重视是人类的一种天性和本能。如果我们在表达时遵从这一法则,会让我们的沟通出乎意料地顺利,达到事半功倍的效果。

一位贸易公司老板想让一个下属到偏远的分公司任职,但又担心下属因此会产生被遗弃的感觉,影响工作情绪。为了避免这种情况发生,老板首先把下属即将要去的地区的经济状况、营业状况说得一团糟,但又极具挑战性;然后,他拍着下属的肩膀,用充满信任的语气说:"如果再这样下去,我们的分公司就得关门大吉了。值得庆幸的是,公司有你这个不可多得的人才。只要你到那里,公司一定能够起死回生。其实,我也不想让你走,但公司又实在不想放弃那个市场。"

这位下属听了老板如此推心置腹、器重自己的话,不但没有感到"被发配"的委屈,反而意气风发、信心满满地上任去了。

这位老板之所以能说服下属,就是很好地利用了对方渴望受到重视的心理。俗话说,"士为知己者死",有人如此看重自己,还有什么困难是克服不了的呢?

现实生活中有些人的话之所以很难被人接受,沟通不畅,就是因为他们忘了这个重要的原则——让他人感觉到自己很重要。他们往往喜欢表现自己,一旦事情成功,他们首先看到的是自己的功劳有多大,其实这就是在向别人表明:"你们确实不太重要。"这样做的结果便是,无形之中伤害了别人,导致别人不愿继续合作,最终损害的还是自己的利益。

其实,我们遇到的每一个人,都会在心里认为自己某些方面比对方更优秀,而一个绝对可以赢得他的心的方法是,以不着痕迹的方式让他明白,他是个重要人物。

甲乙两人是好朋友,一次甲有一份材料要翻译,恰好他自己没有时间,于是马上想到了英语水平很好的乙。下面是他们二人的对话。

甲:"哥们,你挺清闲的?我可就没你自在了,整天忙得要死!没办法,谁让咱有能力了,嘿嘿。这不,手头又有一份资料要翻译,我哪有那么多时间啊,正好你闲着,就帮我翻译一下吧,这礼拜就要噢!"

乙:"这礼拜?恐怕我没有时间帮你翻译了,公司下周有一个重要会议,我得准备材料。你的英语水平那么好,何不自己翻译呢,我连本职工作都没做好呢,还是别给你添乱了吧。"

第 4 章
到位表达，把话说到对方心坎上

上例中的甲想要说服乙帮他翻译材料，可是他的言语中没有一点诚意，反倒有意无意抬高自己贬低对方，这样怎么可能说服得了别人帮自己呢？

再让我们来看看成功的说服方法。

甲："哥们，最近有空吗？我手头上有一份特别重要的材料要翻译，我水平有限，怕翻译不好，你的英语水平那么好，可否抽点时间帮我这个忙？"

乙："别这么说嘛，咱们多年的朋友，这点小忙我还能不帮？交给我吧，保证让你满意！"

同样是请求帮忙翻译，为什么两次结果泾渭分明呢？就在于后一次甲在请求乙帮自己做事时，充分肯定了对方的能力和价值，让乙的自尊心得到了充分的满足，这种情况下，乙自然不好意思拒绝帮忙。

所以，在表达的时候，话语中一定要给予对方充分的重视，满足对方自尊心，提高对方心理舒适度，以此打动对方，实现良好沟通。

赞美要说到对方"得意"处

赞美人人会,但并不是每个人都会赞美。只有恰到好处的赞美,才会给对方提供极大的心理舒适度,使对方获得心理满足,也就是一定要给对方最想要的赞美。可以说,掌握了恰到好处地赞美别人的技巧是一个人交际能力趋于成熟的标志,是高质量表达的表现。

那么,该怎样恰到好处地赞美别人,给他最想要的赞美呢?如能在下列方面做得好,做到位,就可以达到想要的效果。

1. 赞美得意之处

会表达的人到别人家去做客、办事,看见孩子总是夸奖孩子懂事、乖巧。这一招往往为愉快做客和顺利办事开了个好头。因为孩子的父母总是喜欢别人夸奖自己的孩子。夸奖自己的孩子,要比赞美他们本人更能讨得他们的欢心。这是人性的一个特点,即喜欢别人赞美自己最得意、最看重的方面。

2. 发掘闪光点

人人都有自己的长处,即使最普通最平凡的人也绝不是"一无是处",关键在于你是否能够"沙里淘金""慧眼识珠"。有些人常常埋怨对方没有优点,不知该赞美什么,这说明他们缺乏发掘闪光点的能力。懂得表达艺术的人,不以老眼光看人,他们懂得变换视角去发掘、体察对方闪光之处,并对此大做文章,从而赢得对方的认可和欢心。

3. 抓住细节赞美

细微之处的赞美更显真情，所以，懂得表达的人常常抓住某人在某方面的行为细节，巧施赞美和感谢。这样做是很有道理的。其实对方之所以在细节上投入那么多的心思与精力，一方面说明对方对此有特别的重视或偏爱，另一方面也说明对方渴望这一份努力能够得到别人的关注与赏识。因此，在交际中要努力发现对方在细微处的用意，不失时机地赞美对方的良苦用心，给对方巨大的心理满足，促进双方关系向前发展。

一次，法国总统戴高乐访问美国。美国总统尼克松为他举行了欢迎宴会。宴会上尼克松夫人费了很大劲布置了一个美观的鲜花展台：在一张马蹄形的桌子中央，鲜艳夺目的热带鲜花衬托着一个精致的喷泉。

戴高乐一眼就看出这是主人为了欢迎他而精心设计制作的，不禁脱口称赞道："尊贵的女主人为举行宴会要花很多时间来进行这么漂亮、雅致的计划与布置。"

尼克松夫人听了，十分高兴。事后，她说："大多数来访的大人物要么不加注意，要么不屑为此向女主人道谢，而他却是看到了又讲到了。"

面对尼克松夫人精心布置的鲜花展台，戴高乐没有像其他大人物那样视而不见，或者见而不睬，而是即刻领悟到了对方在此投入的苦心，并及时地对这一片苦心表示了特别的肯定与感谢。戴高乐赞美的言语虽然简短，但显然很明确，尼克松夫人由此获得了深深的感动。

4. 间接赞美

真诚坦白地直接赞美别人固然不错，但假若用词不当就有可能变成了"拍马屁"，引起对方的不快，或给众人留下太露骨、太肉麻的感觉。因此，如果对热情洋溢的直接赞美缺乏足够的自信，或存在某些顾虑，那么不妨采用间接赞美的方式，着重表达自己对某一类人或物的赞美，同样也会收到好的效果。这样无论是怎样使用溢美之词都不显得露骨和肉麻，而对方又能够同样领会到自己的"真情厚意"和"良苦用心"。

5. 多赞美对方的成绩

每个人都认为"天生我材必有用"，工作中的每一点成绩都会使自己有一种自豪感。所以，在工作中恰到好处地赞美合作者所付出的才智、汗水、努力和作用，会使对方感到自己在工作中的价值，从而获得心理上的满足。很显然，这种肯定性的赞美将会极大地鼓舞对方的工作积极性，并使合作双方的关系更融洽。

6. 请教式赞美

人都有"好为人师"的自大心理，所以在许多时候，懂得表达的人经常以低姿态有针对性地就某个问题去请教他人，以自己的普通甚至不足凸显对方在该方面的高明或优势，以讨得对方的好感。恰到好处地使用此种方式，既成功地赞美了别人，又能给人留下为人虚心好学的好印象。

总之，赞美要落到实处，落到"点"上，才会让受者切实感到你的诚意，也由此才会对你产生好感。那些夸大其词、不着边际的赞美只会让人认识到你的敷衍、虚夸，甚至别有用心。如果是那样的话，你的赞美还有意义吗？

第 4 章
到位表达，把话说到对方心坎上

关心的话要"贴"心说

表达关心话语时，一定要将体贴之意传递到位。通常，体贴之语要抚慰心灵才能取得温暖身心的效果。那么，应该怎样对别人说温暖身心的体贴话呢？也就是说如何到位表达体贴之语呢？一般，要兼顾下列这些方面：

1. 示之以鼓励

为遇到困难或陷于某种困境的人指出希望，让其振作精神，乐观地从困境中走出来。如：病人受病痛困扰，往往对病情怀有深深的忧虑，如得不到及时的疏导就可能导致悲观情绪的滋生，对治疗采取消极的态度。

在探病时，我们不妨抓住病人身上的细微变化做文章，强调此变化意味着病情正在慢慢好转，预示康复已是大有希望。在说此番话时，我们可以装作不经意的样子，越是这样就越能让病人信以为真，使其对自己的病情做出乐观的估计。

挫折和不幸容易使人灰心丧气，看不到光明和幸福的前景，因而，使"苦恼人"看到前程的光明，正是解脱他们苦恼的最根本途径。比如说，一个姑娘交了几个男朋友都因各种原因告吹了，眼看落花流水春去也，她能不苦闷烦恼吗？这时你如果讽刺挖苦她"眼界高"，得来的只能是反感；如果埋怨她"智商低"，会增加她的自卑；你如果鼓励她说"机缘还没有来到"，机缘一到，一切迎刃而解，好事水到渠成，这样，她就会从失望中看到成功的希望，从而精神大振，并对你充满感激。

2. 示之以关心

无论位卑位尊、贫贱富贵，人人都珍视感情。因此，在必要的时候向别人表示自己的关心，自然会获得对方的感激和善待。

给别人做上司，只有威严是不够的，还得富有人情味。下面是美国电话业巨擘——密西根贝尔电话公司总经理福拉多的生活片段：

在一个寒冷的深夜，纽约一条不算繁华的道路车辆稀少。这时从街中心的地下管道内钻出一位衣着笔挺的人来。路旁的一个行人十分狐疑，他上前想看个究竟，一看却怔住了，他认出这个人竟是大名鼎鼎的福拉多！

原来，地下管道内有两名接线工在紧急施工，总经理福拉多特意去表示慰问，他说："你们辛苦了，对你们的付出我表示感谢，没有你们，就没有我的事业。"

正是缘于这种发自肺腑的体贴和关怀，福拉多赢得了同事、下属、客户乃至对手的尊敬，与他们保持着良好的合作关系，把事业做得风生水起。

3. 示之以同情

如果周围的人遇到了什么挫折和不幸，不应该视而不见，而应真诚地给予同情，让对方感受到温暖。比如邻居小妹高考失利，心情十分不爽。这时，你应该抱着同情和理解的态度，开导说："我

第 4 章
到位表达，把话说到对方心坎上

也经历过这样的挫折，所以你的心情我完全理解。不过，花落自有花开时，谁能说没考上大学就前途无望了呢！特别是现在，出人头地的机会多得很，大可不必为此伤心忧虑。"

也可以根据情况这样说："这次高考标准过严，所以未被录取的比较多，倒也不是成绩差了多少。再说这次不中还可以再考，头次失利二次考中的人不在少数，不必过于担忧未来。"这样，她的心里可能好受多了！

当然，同情不是无原则的附和。如果对方的情绪产生于错误的判断，就不应当随便表示同情，以免助长其错误情绪，应当劝导其要端正态度，正确对待，通过努力，争取成功。

祝贺的话表达的是"心意"

祝贺是人际交往中常用的一种交往形式，一般是指对社会生活中有喜庆意义的人或事表示良好的祝愿和热烈的庆贺。通过祝贺表示你对对方的理解、支持、关心、鼓励和祝愿，以增进感情。

祝贺语从语言表达形式的角度可以分为祝词和贺词两大类。祝词是指对尚未实现的活动、事件、功业表示良好的祝愿和祝福之意，比如重大工程开工、某会议开幕、某展览会剪彩要致祝词；前辈、师长过生日要致祝寿词；参加酒宴要致祝词，等等。

贺词是指对于已经完成的事件、业绩表示庆贺的祝颂，比如毕业典礼上，校长对毕业生致贺词；婚礼上亲朋好友对新郎新娘致贺词；对于同事、朋友取得重大成就或获得荣誉、奖励致贺词，等等。

说祝贺词要兼顾对象、情境、内容、影响等因素，不是随随便便就可以说出口的，情商高的人在说祝贺词之前，通常是要打腹稿的，字斟句酌，以求说出的祝贺之语可以充分表达出自己的心意，取得应有的好效果。

祝贺要注意以下几点：

1. 要适合场景

一般来说，祝贺总是针对喜庆意义的事的，因此，不应说不吉利的话和使人伤心不快的话，应讲一些喜庆、吉祥、欢快的话，使人快慰和感奋的话。如言辞与情绪不合场景，就必定要碰壁。

鲁迅在散文《立论》中讲到这样一个故事：

一家人家生了个男孩，合家高兴透顶。满月的时候，抱出来给人们看，自然是想得到一点好兆头。客人们众说纷纭。一个说，这孩子将来会发大财的；一个说，这孩子是要做大官的。他们都得到了主人的感谢。只有一个人说："这孩子将来是要死的。"——虽然他说的是必然，但还是遭到大家一顿合力的痛打。

从讲话艺术的角度看，他不顾当时特定情景，讲了一些不合时宜的话，遭到大家的痛殴，这是他自作自受、情商低的结果。

2. 要感情真挚

祝贺的语言要富有感情色彩，语气、表情、姿态等都要有情感性，这样才会有较强的鼓动性与感染力，才能达到抒发感情、增进关系的目的。如祝贺朋友高升，可以这样说：听到你被升职的消息，我好高兴，祝你以后再多多地升，前途一片光明！

3. 要简洁有力

祝贺词可以事先做些准备，但很多时候要针对现场实际，有感而发，讲完即止，切忌旁征博引，东拉西扯。因此，语言要明快热情、简洁有力，这样才能产生强烈的感染力。

有些祝词、贺词要进行由此及彼的联想，因景生情的发挥，但必须紧扣中心，点到为止，给听者留下咀嚼回味的余地。比如：某人主持婚礼。新郎是畜牧场技术人员，新娘是纺织厂女工。婚礼一开始，他上前致贺词："我今天接受爱神丘比特的委托，为80

年代牛郎织女主持婚礼,十分荣幸。"

新郎新娘交换礼物,新郎为新娘戴上金戒指,新娘送给新郎英纳格手表。这时,主持人又上前致辞说:"黄金虽然贵重,不及新郎新娘金子般的心;英纳格手表虽然走时准确,也不及新郎新娘心心相印永记心间。"

他的即兴婚礼贺词,得体而又热情,简洁而又明快,让新郎新娘以及他们的亲友内心十分受用,因此博得了他们热烈的掌声。

感谢的话要"传递"入心

在生活中免不了要向别人道谢。一个人无论在工作、生活、学习中,可能要受人之惠、得人之助,这个时候,至少要说声"谢谢",以礼仪性语言来表示自己感激或感谢的心意。道谢是现代社会最基本的文明礼貌行为和交际形式。

虽然,道谢是最基本的文明礼貌行为和交际形式,但可惜的是,并不是所有人都懂得如何感谢,不是情感不到位,就是表达方式有误,还可能表达的时机不够好,致使道谢的效果大打折扣,甚至适得其反。

总之,感谢的话一定要"传递"到位,才不会打折扣,才会获得良好效果。

1. 感谢要发自内心

感谢发自内心才能打动人。为了在言辞上表示真诚,会表达的人在"谢谢"两字之前通常附加修饰词,比如:"真得感谢你""太感谢你了""十二分感谢你的无私援助""我真不知该怎样感谢你",等等,或者是使用重复的句式,如"谢谢,谢谢,太谢谢了!"这样的表达方式再加上适当的表情、动作,就仿佛给"谢谢"赋予了感情和生命,颇能感染对方。

2. 感谢应主动及时

在受人恩惠之后，应该在最短、最快的时间内马上去表示感谢，只有这样才会让被谢者感到你的感谢发自肺腑，而不是在时间的"压力"下不得不做的敷衍。如果我们确实临时有事不能及时致谢，那么等到致谢时就应当说明延迟的具体原因，同时向对方表示歉意。

比如，有人帮你把你孩子的入学问题解决了，此时你就应该登门道谢："李园长，我今天是专程前来向您表示感谢的！您可帮了我——不，是帮了我们全家的大忙啦！是您让我们全家天天都能团圆了，来的时候我的孩子跟我说：'替我谢谢李伯伯！'所以说，我今天是代表我们一家三口来的，真诚地谢谢您……"

试想，这一番话要拖延到几个月或半年以后再说，或者是在路上偶然碰见人家才想起来说，还会有如此浓厚的诚意与感恩的味道吗？

3. 感谢应直抒胸臆

向对方表示谢意最好采用直接、当面的方式，尽量不要委托他人。道谢时要讲清楚对方给予自己的帮助，强调这种帮助对自己的重要性，切忌含糊其词，让人听不明白。同时，也容易让对方察觉到你的感谢不是发自肺腑，只是应付了事。

4. 感谢应轻重适宜

感谢别人要讲究分寸，轻重适宜，根据对方对自己帮助的大小和自己所受益受惠的多少，来适当地表达谢意。别人给予的帮助大，道谢时就要"重"一些，给予的帮助小，道谢时就适当"轻"一些，要做到轻重有度，恰如其分，这样双方才能各自心安理得。

5. 要体现回报之心

礼尚往来是维持良好关系的长久之道，正所谓"来而不往非礼也"，如果我们在对别人的帮忙表达谢意时，能够明确表示下次对方有事自己一定倾力相助的愿望，那么对方就会感到自己付出的努力不仅仅获得了心理上的满足，而且会有切切实实的回报，双方的关系也会因此得到进一步的加强。

同事为你在老板面前说情，使你因一次疏忽而造成的麻烦和损失没受到严厉的追究，你就可以这样感谢对方："艾伦，这次要不是你从中帮忙，这个月的奖金就要泡汤了，真得好好谢谢你！你有什么事需要我帮忙的话，尽管开口，我定不遗余力，鼎力相助。"

相信，对方听了你的话，肯定会被你甘于回报的诚意所打动，从而自觉地密切与你的关系，虽然他不一定真的需要你的回报。

感同身受的劝慰才打动人心

劝慰，就是在别人遇到不幸或内心痛苦时，以一定的语言表达方式使其心情安适，脱离痛苦。月有阴晴圆缺，人有旦夕祸福。人生不如意之事十有八九。因此，一定程度上，生活在社会中的人都经常需要劝慰。

人在遭遇不幸或受到打击而导致内心痛苦时，最需要别人的安慰，最需要朋友的关心。这时，你所说的话语就应是减轻其内心痛苦的良药。表达不当，即使主观愿望是好的，也会产生不好的后果。如有人失去了亲人，痛苦万分，而去劝慰他的友人却说"人总是要死的，早离开，晚离开，早晚都要离开，你自己要多保重。"

虽然道理没有错，但表述有问题，让人听了心里不痛快，情感上过不去。如果这样说："很理解你的痛苦，我们感同身受，不过还请节哀顺变，我想这也是离开人的心愿。"这样说，显然所获效果要比前者好得多。

根据需要劝慰之人所处的不同境遇，应选用不同的宽慰语言：

1. 激励性劝慰

激励性劝慰往往用于对方在工作中遇到挫折、心情痛苦，进而失去进取心的时候。使用激励性劝慰语可使其看到前途的光明，看到明天的美好，看到失败后的希望，这是解脱他们苦恼的最根本的途径。能激励灰心失望的人重新鼓起勇气,就是成功的劝慰。

比如有一位在事业单位上班的朋友因某种原因失业了。一种突然而来被人抛弃的失落感使他将自己终日闭锁家中,断绝与所有人的交往,只与酒杯为伴,心情沮丧至极。

他的一位朋友知道这种情况后,不远百里,请假前来探望他。朋友首先劝慰他说,"失业的不止你一个,这是大势所趋,相信有关部门会找出方法为你们重新安排工作的。"接着又鼓励他说:"失业不一定就是坏事。塞翁失马,安知非福;这次实际上给了你一个重新展示自己能力的机会。抓住这个机会找出一条新的路子,还是一件大好事呢!我相信你能成功的。"紧跟着与朋友一起分析了目前的情况。

中肯的分析,适当的措辞,实事求是的帮助,终于鼓起这个朋友生活的勇气,使他抛开酒杯,走出家门,重新投入新的生活。

2. 同情式劝慰

在社会生活中,难免有无辜受害者。如被酒后驾车者夺去肢体的、被残暴者无故殴打的、被不公的上司不负责任地冤枉的……对这样的人,最有效的安慰是同情,同情他们的遭遇,和他们共斥丑恶的现实。

这种同情性的话语传递着人间的温情及正气,这种温情和正气会使无辜受害者得到安抚,从而使他减轻由不幸带来的内心痛苦与压力,重新获得心理上的平衡。

当然,同情不是怜悯。怜悯会伤害对方的自尊心和自信心,而同情作为充满温情和善意的安慰,能让对方释放出内心的痛苦,获得友谊的抚慰。

3. 劝服式劝慰

劝服式劝慰主要用于吊唁仪式。在失去亲人时，每个人的心情都是沉痛的，这时候最需要别人的劝慰。这时的劝慰语言应该使用劝勉他人莫过分悲痛的劝服式语言。这样的语言含义首先认定失去亲人是悲痛的，在这一点上和对方心理相通，其次是劝他人保重自己，这正是沉于悲痛中的人会忽略的。

这两点加起来，就会给因为失去亲人而悲痛的人以心灵的抚慰，减轻他们的内心痛苦，从而起到较好的劝服作用。如可以说"要节哀，保重身体"等。如果使用"人死了不能复生，别哭了"等话语，就会使对方反感。劝慰要饱含真挚情感，要感同身受，才能使被安慰者接受，从而获得劝慰的最佳效果。

总之，劝慰要尽量做到感同身受，把需要劝慰的人的痛苦、失落、迷茫等情感与自己的情感联系起来，让对方知道他的痛苦与失落有人与他一起承担，这样他就会得到极好的安慰，情感创伤就会得到弥补、治愈。

第 4 章
到位表达，把话说到对方心坎上

这样道歉才受用

"人非圣贤，孰能无过。"在工作、生活中犯错是不可避免的，问题的关键是犯错后怎么办？很简单，犯错就要及时改正，不逃避，不躲避，要及时承认，与其等别人批评、指责，还不如主动认错、道歉，这样才能更易于获得谅解和宽恕。

真心实意地认错、道歉，就不必找客观原因，做过多的辩解。即使确有非解释不可的客观原因，也须在诚恳地道歉之后再略为解释，而不宜一开口就辩解不休。否则，这种道歉，不但不利于弥合裂痕，反而会扩大裂痕，加深隔阂。

当对方正处在火头上，好话歹话都听不进去时，最好先通过第三者转致歉意，待对方火气平息之后，再当面道歉。如双方僵持不下，势必会两败俱伤。如一方先主动表示歉意，就有利于打破僵局，化对抗为和谐，乃至化"敌"为友。

我们自己说自己错，比从别人口里说出我们的错要好得多，因此，懂得表达心理的人在知道别人要说出自己不对之处前，总是能够快速找机会先说出自己的错误，真诚道歉，让对方无话可说，因为人们通常对于那些主动承认错误的人是不会进一步责备的。

但是要注意，道歉一定要让对方受用才容易被对方接受，否

则,道歉是道歉了,但是没有起到应有的效果,岂不是白白道歉了。通常受用的道歉途径有以下几种:

1. 自诉难题

错误既成事实后,明事理的人首先不是争辩,而是坦率承认,并真诚道歉,想尽办法使对方的怒气平息下来。然后,从主、客观方面出发,向对方分析自己失误的原因,诉说自己的难处。这样,只要不是故意而为,再加上真诚道歉,对方多半会体谅,对过失予以谅解。

2. 巧用方式

道歉的方式对于道歉的效果有着很大的影响。"负荆请罪"之所以传颂至今,是因为廉颇以赤膊负荆的形式登门谢罪,使蔺相如欣然释怀。所以,以巧妙活泼的形式道歉,不仅可以避免道歉时的生硬尴尬,更重要的是能使对方更乐于接受。如果道歉的方式过于呆板、僵化,会显得没有诚心,甚至词不达意。所以,有心人在道歉之前通常费点小心思,讲究一点道歉的技巧。事实证明,这样的道歉通常取得了满意的效果。

3. 掌握好尺度

不是所有的道歉都不可以"找理由",有的时候确实是事出有因,客观性很强。这种情况下,在真诚道歉之后,可以适当地说明促成自己犯错的原因,但是,要掌握尺度,不要让人以为是在强找借口,那样会加剧人们的憎恶之感。想要取得谅解就更难了。

4. 说些好话

人人都喜欢吉利话,吉利话常常能产生让人转怒为喜的魔力。所以,在赔礼道歉之时,可以针对人们爱听吉祥话的心理趋向,利用谐音或转义的方法,用喜庆、祝贺的言语委婉表述自己的过错,这样对方的心情就会立刻"阴转晴",自然会原谅我们的过失。

一个车站,等车的人很多,人多车少,好不容易才等来一班车,一个人急忙挤上去。立脚未稳,车便启动了,这个人整个身子不由自主地后仰,脚紧跟着往后移,一下子便踩到后面人的脚上。这个人急忙收回脚站稳,正要对后面的人说对不起,车猛一加速,他又不可控制地向后趔趄,再次踩中了后面人的脚。

他忙笑着连声说"对不起",对方显然还是心情不爽。他急忙又说道:"恭喜,恭喜,接连中彩("中踩"的谐音)!买彩票发大财!"对方一听吉利话,反嗔为喜,连说"好的,好的,借你吉言!借你吉言!"

总之,道歉要根据具体情况,采用合理的方式,让对方内心受用,只有这样,你的道歉才是有效的,也才能获得对方的谅解。

反驳要抓住"突破口"

反驳是辩论的重要组成部分,反驳的过程实际上是辩论的过程。在这个思想交锋的过程中充满了技巧性和艺术性。在日常生活中,我们常会遇到这种情况:明知对方所讲的话不对,却不知如何反驳,即使进行反驳,也往往反驳不到点子上,甚至给对方留下反击的把柄。但是,如果我们善于寻找反驳的最有利的突破口,那就能一语中的,轻易地驳倒对方。

所谓选择反驳的突破口,即在反驳过程中,针对对方理论中论题、论据或论证方式上的错误,运用反驳的艺术,达到取胜的目的。反驳的突破口选择得越准确,就越能在论辩活动中迅速地取得重大突破,使对方哑口无言,心服口服。

如何选择最有利的突破口呢?这必须从辩论的实际情况出发。在具体进行选择时,可从以下3个方面入手:

1. 击倒对方的论点

只有抓住对方要点和致命点才意味着论辩活动有了重大的实质性进展,所以反驳的突破口必须选在对方真正的薄弱环节上。

从一定意义上说,反驳是证明的一种独特的、辩证的形式。论点是辩论者对论证的问题提出的看法或主张,是辩论的关键所在。证明论点的真伪,是辩论所必须要完成的目的。反驳论点,

第 4 章
到位表达，把话说到对方心坎上

即用同对方论点相反的判断来直接证明对方论点的虚假性。

反驳论点，首先要明确对方论点中的主要概念。如果论点中主要概念含混不清，论点就留下了致命的弱点，那么就可趁这个机会，攻其论点。

2. 证明对方论据虚伪

论据是对方为证明自己论点的正确所提出的根据。辩论中如果能够证明对方的论据是虚伪的，其论点也就不攻自破了，所以反驳的突破口可以选在对方的主要论据上。

林肯在成为美国总统之前，曾是一位颇负盛名的律师，以雄辩而闻名。一次，林肯亡友的儿子小阿姆斯特朗被人诬告为谋财害命的凶手。控告人收买的证人（福尔逊）一口咬定说，亲眼看到被告小阿姆斯特朗行凶。

虽然小阿姆斯特朗是无辜的，但在假证面前，却无能为力，眼看厄运就要降临到他头上。林肯获悉此事后，主动为被告辩护。林肯来到现场作实地勘察，很快掌握了重要的事实。他胸有成竹地要求开庭复审。法庭上，林肯与证人进行了对质。

林肯：你发誓说认清了小阿姆斯特朗。

福尔逊：是的。

林肯：你在草堆后，小阿姆斯特朗在大树下，两处相距二三十米，能认清吗？

福尔逊：看得清楚，因为月光很亮。

林肯：你肯定不是从衣着方面认清的吗？

福尔逊：不是的。我肯定认清了他的脸，因为月光正照在他的脸上。

林肯：你能肯定时间在半夜11点吗？

福尔逊：充分肯定。因为我回屋看了时钟，那时正是11点15分。

林肯待证人一讲完，就转过身，开始了他的辩护演说："我只能告诉大家，这个证人是个彻底的骗子。"林肯进一步分析说：

"证人发誓说他于10月18日晚11点钟在月光下认清了被告小阿姆斯特朗的脸。但是，那天晚上是上弦月，11点钟时月亮已经下山了，哪来的月光呢？退一步说，就算记不清时间，假定稍有提前，月亮还在西天，月光从西边照过来，被告如果脸朝大树，即向西，月光可以照在脸上，可是由于证人的位置在树东南方向的草堆后面，所以他根本就看不到被告的脸。如果被告脸朝草堆，即向东，那么即使有月光，也只能照在他的后脑勺，证人又怎么能看到月光照在被告脸上呢？又怎么能从二三十米的草堆处看清被告的脸呢？"

林肯的推断和分析，充分证明了证人的证言是虚假的，驳得证人张口结舌，无言以对。最后，福尔逊只好承认是被控告人收买而提供假证，最终小阿姆斯特朗被无罪释放。

这里，林肯就是抓住证人论据的漏洞而驳倒了对方，维护了被告人的清白。

3. 指出论证方法有误

一个真实的论点，除了需要有充分而又真实的论据外，还必须有合乎逻辑规则的论证方式。如果对方在论证方法上存在着论据与论点脱节的错误，那么，对方的论点也就难以成立。因此，反驳的突破口还可以选择在对方的论证方法上。只要证明其论证方法是错误的，那么论点自然也站不住脚。

在辩论中，对方的论点、论据、论证方式都可以成为我们选择的最有利的突破口，同时还必须记住：

（1）选择最有利的突破口时，必须做到有理、有利，善于组织合理的进攻。在反驳中，根据需要与可能，采取一种或多种方式进行。驳倒对方的论据或论证，并不等于驳倒了对方的论点。事实上，在论据虚假或未经验证的情况下，论点却有可能是真的。因此，要注意反驳的严密性、科学性。只有站在进可攻、退可守的地位，才能更有效地制服对方。

（2）反驳是通过推理来实现的，所以，也必须遵守推理的规则。严格遵守逻辑推理原则，一是被反驳的论点、论据和论证，必须确定是对方的思想；二是在反驳的过程中，反驳的对象必须确定，不得偷换，否则，会抓不住关键而贻误战机。

激发情感，以情动人

正所谓："言为心声。"如果你的话代表了你的心情，代表了你的情感，说出来自然就会打动人。擅长表达的人都深谙这一说话原则，因此在说话时自然力求以情动人。

日本企业家土光敏夫使东芝企业获得成功的重要秘诀是"重视人的开发与人性化的感言"。在他70多岁高龄的时候，曾走遍东芝在全国的各公司、企业，有时甚至乘火车亲临企业现场视察。有时，即使是星期天，他也要到工厂去转转，与保卫人员和值班人员亲切交谈，从而与职员建立了深厚的感情。员工们也非常愿意与他交流，从他那里感受到人文的关怀。

土光敏夫懂得用真实的情感、虔诚的语言去感化人们的心灵，调动起对方炽热的情感，从而赢得员工的一致拥戴。

再看一下丘吉尔在美国的一次演讲：

"我远离祖国，远离我的家庭。在这里欢度这一年一度的佳节。但确切地说，我并不觉得寂寞和孤独。或者是因为我乡亲的血缘关系，或许是因为我们伟大的人民在共同事业中，所表现出来的那种压倒一切的友谊的情感，在美国的中心和最高权力所在地，我根本不觉得自己是个外来者。我们的人民讲着同样的语言，有着同样的宗教和信仰，还在很大程度上，追求着同样的理想。我所能感到的是一种和谐的和兄弟间亲密无间的气氛。"

"此时此刻，在一片战争的混乱中，今晚，在所有的郊外别墅里，在每一颗宽容无私的心灵中，我们得到了灵魂的平安。因此，我们至少可以在今天晚上，把那些困扰我们的各种担心和危险搁置一边，并在这个充满风景的世界里，为我们的孩子准备一个幸福的夜晚。那么，此时此刻，在今天这个夜晚，讲英语的世界中的每个家庭都应该是一个亮光普照、幸福与和平的小岛……"

这是丘吉尔为了说服美国参加对德作战，而对美国人民发表的一次论辩演讲。在这里丘吉尔找到了一条说服对方的捷径：共同的语言、共同的宗教信仰、共同的理想及两国长期的友好关系，这些都成为美英之间相互信任和理解的桥梁与纽带，有了这样牢固的基础，那么一切敌对情绪都是可以减弱的、消除的。

事实证明，当他深情地祈愿美英每个家庭都应过一个和平安详的圣诞节时，冰山开始融化，美国人民心中善良、正义的本性开始苏醒。最终他们被打动了，被丘吉尔的言语，更被他的情感感动了。这就是表达以情感人的伟大力量。

具体来讲，直击动情点可以从以下几个方面入手。

1. 根据听者的心理需求说话

如果说的话与听者的心理需求相吻合，那么对方肯定乐于接受。反之，如果说的话不符合他们的心理需求，就可能引起他们的排斥心理。比如，你说的是关于如何对待失恋的。碰巧对方正在失恋中，那他就很愿意倾听你的话，也愿意分享你的观点，如果对方是大爷大妈，他们自然也不会对这个话题感兴趣。根据听者的心理需求说话,才能容易产生共鸣。

2. 根据听者的兴趣爱好说话

不同的人,因职业、个性、阅历及文化素养等方面的不同,兴趣和爱好也有所不同。比如,女人爱购物,爱化妆;学生爱上网、打游戏;职场人士爱谈论政治、经济。那和学生交谈时,谈如何赚钱就不合适,或者为企业员工演讲时,告诉他们上网的危害很大,他们肯定不感兴趣。根据听者的兴趣说话,话才更受听。创业的男人做梦都想着赚钱,你和他讲怎么搞定客户,怎么开发市场,怎么做渠道营销,他自然就会兴趣十足。有些人在公共场合讲话不受欢迎,就是因为自说自话,完全没有顾及听者的兴趣所在。

3. 根据听者的性格特点说话

想把话说到听者的心坎里,还必须注意其性格特征。每个人都有自己的性格,而且性格各异。如何根据他们的性格特征而采取合适的表达方式呢?可以从年龄、职业、性别上把握他们的共性,也可以从对方的着装、说话等方面把握他们的性格特点。

4. 根据听者的身份地位说话

在说话的时候还要根据听者的身份和地位说话,这样说出来的话对方才乐意听,才有利于继续交流。例如,和普通的农民说话就不能文绉绉的,遣词造句就应该以"通俗易懂"为最基本的原则,否则就很容易引起对方的反感;如果和大学教授说话,应适当用一些应景的词语或历史典故,这样显得有学识修养。也就是说,同样的主题,面对不同身份的人,不能一个调子,要"看人下菜碟"。

人非草木孰能无情,人都是有感情的,只不过很多时候由于种种原因,人们把情感都深埋在心底,如何用语言将深埋心底的情感激发出来,如何用语言增进感情,就需要把话说到动情处,以情感人,以情激情,才能让彼此产生共鸣。

  用诚挚的话语去弹拨他人的心弦,用虔敬的灵魂去感化他人的胸怀。让听者闻其言,知其意,会其心,这样的讲话如春风化雨,润物无声,潜移默化,慰人情怀。

说到问题"关键点"的方法

汉代丞相萧何有一次向汉高祖刘邦请求将上林苑中的大片空地让给老百姓耕种。上林苑是一处为皇帝游玩嬉戏、打猎消遣所建设的大片园林。

刘邦一听萧丞相居然要缩减自己的园林,不禁勃然大怒,认为萧何一定是接受了老百姓的大量钱财,才这样为他们说话办事的,于是下令将萧何投入监狱。当时的法官廷尉为讨好皇上,只要皇上认定某人有罪,廷尉不惜用大刑使犯人服罪。

就在这紧要关头,一位正直的官员对刘邦说:"陛下在外亲自带兵讨伐,只有丞相一个人驻守关中,关中的百姓非常拥戴丞相。假如丞相稍有利己之心,那么关中之地就不是陛下的了。您认为,丞相会在一个可谋大利而不谋的情况下,去贪百姓的一点小利吗?"

简单几句话,句句击中要害。刘邦深有感触,认识到自己处理很欠妥当,于是便下令赦免了萧何。

《三国演义》中,有一段"白门楼斩吕布"的故事。当时,吕布被曹操所擒,曹操考虑到吕布武功盖世,有意饶他不死,收为己用。为此,他征求刘备的意见。

刘备担心吕布归顺曹操后,壮大了曹操的力量,不利于自己日后称雄天下,为免除后患,希望曹操处死吕布。刘备本可以列

第4章
到位表达，把话说到对方心坎上

举吕布的种种劣迹恶行，但是他仅选择了吕布恩将仇报、亲手杀死义父的典型事例来说。他当时只说了句："公不见丁建阳、董卓之事乎？"

一句话，让曹操想到吕布反复无常，杀死义父董卓的事情，于是毅然决定立斩吕布。刘备的妙语，就"妙"在抓住了典型事例，点明问题的根本利害所在，这就是把话说到了刀刃上。

在现实生活中，应学会用语言解决问题。只要你抓住问题的要害，把话说在刀刃上，很多问题都能"迎刃而解。"

现在是市场经济时代，所有的商场竞争，无非都是围绕着一个"利"字。只要在推销时，恰到好处地在这个"利"字上把握分寸，重点突出，相信即使话不多，也会卓有成效。

有一位推销员对一个企业的厂长说："如果贵厂的每条生产线都安装了我公司的高精密度自动控制系统，那贵厂产品的一等品率将由现在的85%上升到98%以上，每天可增加经济效益5万元，所以晚一天购买，就意味着贵厂每天都要白白地扔掉5万元。早买早受益呀！"这位推销员很善于捕捉企业厂长最关心的"利"，因此，仅几句话，他就说动了这位厂长，做了一笔大交易。

表达的目的在很多时候是为了解决问题。要想解决问题，就必须找到问题杠杆的支点，这个支点就是问题的实质、要害和关键！

所谓把话说在刀刃上，其实就是要把话说在问题的实质处、要害处和关键处。以下列举了几种把话说在刀刃上的实战技巧：

深中肯綮法

深中肯綮法，就是要把话说到关键处，说到点子上。要知道击中要害的话，总是动人心弦的，只有说到点子上，击中要害，对方才会感受到说话的分量，才会重视你所说的话。如果不说到要害就无法拨动对方内心深处最关心、最敏感的那根心弦，就无法使其动心、动容，更无法解决实际问题。

逻辑反击法

开口讲话，尤其是比较重要的讲话，譬如重要的论辩、演讲、论文答辩、法庭辩论、重要谈判等，要想获得成功，使自己立于不败之地，就必须在讲话前对所讲话题作周密细致的逻辑分析，廓清自己和对方的逻辑线索，找到各自的逻辑缺陷，并设想出逻辑对策。

一位年轻的职员对主管抱怨说：

"领导，机械方面的职位我实在无法胜任……我对电气方面的工作比较感兴趣，因为我学的是电气……"

主管温和地点点头，然后说：

"你学的是电气，因此，只懂电气而不懂机械，所以，目前对这份工作不太满意，是吗？""是的，因为我对机械的事完全外行。"

"好，那我问你，读电气学之前，你是不是也对电气安全外行？"

年轻职员随口答道：

"是的。"

主管继续说道："看来任何事情刚开始做时都是外行。对电气来说你是一名行家，对机械方面一窍不通，正因为如此，你才要学习有关机械的知识，之后渐渐成为这方面行家，我相信总有一天你会成为机械方面的专家。"

年轻职员听后连连点头，心甘情愿接受了公司的安排。

第 4 章
到位表达，把话说到对方心坎上

借题发挥法

借用对方的话题，合乎逻辑地加以发挥，以发挥表达的最佳作用。

罗蒙诺索夫生活贫困，成名后仍然保持俭朴的作风。一次，一个讲究穿着但不学无术的人，看到他衣袖的肘部有个破洞，便指着他衣袖上的窟窿挖苦他说："从那儿可以看到你的博学吗？"罗蒙诺索夫镇静地回答说："不，一点也不，先生。从这里可以看到你的愚蠢！"罗蒙诺索夫借用衣袖上的破洞话题，借题发挥，就对方的愚蠢无知做了尖刻的嘲讽。

明理驳"刁"法

1847年，林肯与民主党代表卡特莱特竞选国会众议院席位。卡特莱特是一个富有能量的煽动家，会上，卡特莱特面对听众煽动说：

"一切不愿下地狱的人，请站起来！"除林肯之外，所有的人都站起来了。卡特莱特又以挑衅的口气说："我看到除林肯先生之外，你们所有的人都表示不愿下地狱。林肯先生，我要问你，你要到哪里呢？"

林肯不紧不慢地从座位上站起来：

"我认为应该以严肃的态度对待严肃的宗教问题，但我并不感到必须像其他人一样来回答问题。卡特莱特先生问我要到哪里去，我可以坦率地告诉你：我要到国会去。"

林肯先明理驳刁，又驳刁明理，把卡特莱特的荒谬可笑展现在听众面前，高低优劣，十分明显。卡特莱特在一片哄笑中灰溜溜地离开了会场。

片言居要法

在交流思想、介绍情况、陈述观点、发表见解时，为了使对方能够很快了解自己的说话意图，常要运用高度概括的语言，提纲挈领地把问题的本质特征表达出来。懂得表达的人都善于高屋建瓴地把握形势，抓住问题的症结，把话说到关键点上。这就是片言居要法。

片言居要，需要以深厚的知识底蕴作为支撑，才能在关键之处以精要的语言，把话说到刀刃上。因此，平时就要多学习，多掌握知识。

第 5 章

恰当表达,到什么场合说什么话

到什么场合说什么话,话要因人、因时、因景而异,才能得到满意的效果,也才是恰当的表达。

说话要因人而异

说话要因人而异、因时而施,就好比"到什么山唱什么歌"。一位汽车销售公司的经理向一名老年顾客介绍自己经销的汽车时说:"我这里销售的汽车质量可靠、价格公道。'大奔''大卡'都是全市最低价,'小面'都是零公里车,我还可以代办保险、牌照,实行一条龙服务。"

这名顾客听得一头雾水。"大卡"是大卡车吗?(实际上是指卡迪拉克)"小面"是什么东西?(实际上是指小型面包车),这种说话不看对象的表达,很难取得良好的效果。

从表面来看,说者是交流的主体,但说者的言语都是围绕听者进行的。从这个角度来说,说话一定要因"听者"而异。那位经理不考虑听者,只顾自己乱用节缩语,结果影响了交际的效果。

以听者为主体,就是要考虑听者的接受能力、处境、心情、实际需要、思想性格等诸因素。

看对象说话

在不同的对象面前要说不同的话语。女性比男性爱美,更忌别人说她丑,因此对肥胖的男士可以说他像水桶,对女人就不能说。对小孩说话不必忌讳一些与生老病死有关的字眼,对老人就不行。对文化层次比较低的人,言辞可口语化一些,但对文化层

第 5 章
恰当表达，到什么场合说什么话

次较高者，表达要文雅，语气要和缓、委婉些。

有这样一则民间笑话：从前，有一县官下乡巡视，问一老农："黎庶如何呀？"

他是想问：老百姓怎么样？但因用的是文绉绉的文言词，老农听成了"梨树"，就回答说："梨树不好，多被虫子糟蹋了！"

答非所问的问题就在于县官太迂腐，说话不看对象，语言不通俗，致使老农听不懂，因而产生了误会。

看身份说话

一个人的社会地位、职业不同，身份就不一样，其语言活动也要有针对性，因此在表达时，既要看对方的"职"，也要看对方的"位"。

比如，有几名矿工，赶在休班时一起喝酒，他们喝到尽兴便划起拳来，非常开心。这时，其中一人有个做教师的朋友来访，于是就一起入席了。可这位教师一会儿提议说酒令，一会儿提议用说语法的顶针来喝酒，最后惹得几个人都告辞了。这就是不懂得看身份说话。

看场合说话

同样一句话在不同的场合下对同一个人来说，产生的实际效果是完全不一样的。场合有严肃与随便之分，自己人与外边人之别，喜庆与悲伤之异。

王蒙在《表姐》中刻画了一个不看场合说话的表姐。"表姐非常关心别人，关心往往成为担心，以不祥的预言形式表现出来。邻居生了一个白白胖胖的小小子，很招表姐喜爱，表姐就说'真怕他得了脑膜炎……'表弟买了一辆自行车，她就把'撞到汽车上''被贼偷去'等话挂在嘴上……听着她的话，简直像一个猫头鹰的诅咒一样令人产生反感。"

这位"表姐"说话不看场合,令人扫兴,当然不受人喜欢。

看关系说话

如果你与对方只是泛泛之交,交谈时就不要过于深入,避免交浅言深,伤了自身。如果与对方关系很近,可畅所欲言,但也不宜什么话都可以说,毕竟人是复杂的。

看性格说话

人各有其情,各有其性。言辞表达的内容与方式必须因人而异,符合接受对象的脾气、性格,才有可能产生"同声相应,同气相求"的效果。

性格外向的人易于"喜形于色",性格内向的人多半"沉默寡言"。同性格外向的人谈话,可以侃侃而谈;同性格内向的人谈话,则应注意循循善诱。

两千多年前,孔子就注意针对学生的不同性格来回答他们的问题。一次,弟子仲由问孔子:"听到了,就去干吗?"孔子回答说:"不能。"另一个学生冉求也问:"听到了,就去干吗?"孔子说:"干吧!"孔子的另一个学生公西华听了有些疑惑,就问孔子:"两个人问题相同,而您的回答却相反。我有点儿糊涂,想来请教。"孔子答:"求也退,故进之;由也兼人,故退之。"意思是,冉求平时做事犹疑不定,所以要给他壮胆;仲由胆大勇为,所以要劝阻他。

看心理状态说话

心理状态是一种比较持久的能影响人的整个精神活动的情绪状态。心理状态不同,对话的理解可能就差千万别,"言者无意,听者有心"的情况屡见不鲜。说话不注意洞察对方的心理状态,往往会发生意料之外的事情。

第 5 章
恰当表达，到什么场合说什么话

一家日杂商场专门空出一块地方，让一名临时工兼营小商品生意。渐渐地，来买各种小商品的人多了起来，生意越做越好。在一次全商场工作人员大会上，经理开玩笑地说："咱们店跟别的店不一样，别的店是正神吃供，咱店里是野鬼烧香。"意思是小商品生意要比主营生意还好，借以激励商场中的其他员工。

不料，那名临时工却一下子站了起来，红着脸要求调换一个柜台，并表示坚决不再管小商品柜台了。

显然，经理的话被误解了。为什么会产生这种误解呢？因为经理忘了负责经营管理小商品柜台的员工是名临时工，临时工的处境和心情决定了他容易误解经理的这句玩笑。

总之，说话要因人、因时而异，灵活表达，才会把话说对、说准，让人愿意接受，且受人欢迎。

说话要符合场合要求

场合是指交际时的地点和氛围。场合有庄重与随便之分,正式与非正式之分,喜庆欢乐与悲伤哀痛之分,公开与私下之分。

表达通常需要在一定的场合进行,若想表达恰当,起到应有的满意效果,就要兼顾表达的场合,也就是要学会到什么场合说什么话。

在不同场合中,人们对他人的话语有不同的感受、理解,并表现出不同的心理承受能力。如在小场合和大场合、家庭场合与公众场合,人们对于批评性说法的承受能力有明显的差异。正因为受特定人际关系和场合心理的制约,有些话只能在某些特定场合说,换一个场合表达就不合适。不顾及场合的心直口快是不值得提倡的。

在社交场合说话,一般来说要注意以下几个方面:

1.在心理上强化场合意识

虽然嘴是自己的,但不能不分场合地肆意讲话,因为最佳的语言表达效果是讲究语言环境的。不合场合、不合环境的语言再精彩也是不受欢迎的,甚至会给自己带来不好的影响,因此,在什么样的场合说什么话,应该过一个思维关口,避免会出言不逊。

我国自古以来就有一些不同场合的说话忌讳,虽然无科学根据，但很多已成为约定俗成的说话规则。例如：

（1）婚庆场合表达禁忌

在婚庆场合，忌讳使用"断""散""离"等字音。宾客致辞时要避免自我炫耀或自我宣传，毕竟婚礼上的谈话重点不是你。向新郎、新娘敬酒时，虽然可以态度较轻松活泼，但不能过分随便，开玩笑时，口气宜适度俏皮，避免失礼。

（2）丧礼场合表达禁忌

丧礼现场气氛是沉重的，表情及说话要非常慎重。这种场合下，说话不宜太多，也严禁幽默、风趣的对谈。谈话的内容应集中表现对故人的哀悼与怀念之情，并称赞其优点。也不要忘记用简短、真诚的话来安慰、鼓励亡者的家属。

（3）其他聚会表达注意

同学聚会时，要坦率、自然，多提及一些往事，引起大家的共鸣。与晚辈聊天，最好不要带有演讲或训诫的口吻。朋友生日聚会，要尽量以轻松的口吻，谈一些生活中的小插曲，谈到寿星时，应多多祝福。家长会时，可选择印象较深刻的话题来说，并谦虚地向老师及其他家长请教或表达谢意。

2.特定场合表达注意

克林顿之所以能当上总统，与他的绝佳口才有一定的关系。在总统竞选第二次电视辩论中，辩论现场只设一个主持人，候选人前面都没有讲桌，只有张高椅子可坐，克林顿为了表示对广大电视观众的尊敬，一直没有坐，并且在辩论中减少了对布什的攻击，把重点放在讲述自己担任阿肯色州州长12年间所取得的政绩上。克林顿的这种以柔克刚、彬彬有礼的做法，赢得了广大电视观众的好感。

最后一次电视辩论中,克林顿在对布什的责难进行了有效的反驳以后,很得体地对广大电视观众说:"我既对布什先生在白宫期间的操劳心存感激,又希望选民能鼓起勇气,敢于更新,接受更合适的人选。"话音刚落,掌声雷动。

在特定场合表达最需要注意的一点是一定要摸准当时场合的气氛以及听众的需要,使表述符合当时的情境,满足听众的期待。

3.养成随境而言的表达习惯

一个人的语言表述受到自身的修养、身份、爱好等的影响,往往带有一定的习惯性发语词、口头禅等,这些语言习惯如果在不合时宜的场合表现出来会带来一些负面影响,所以,"心直口快"的人必须有意识地摆脱自己口语表达上的习惯性,养成顾及场合、随境而言的良好表达习惯。

在交际活动中,要选择最恰当的方式说话,使自己的谈吐既符合场合要求,又兼顾谈话对象的接受心理,力求完美、圆满地实现与交际对象的沟通。

第 5 章
恰当表达，到什么场合说什么话

把握对方情绪说话

人的情绪有高潮期，也有低潮期。当人的情绪处于低潮时，人的思维就显现出封闭状态，心理具有逆反性。这时，即使是最要好的朋友赞颂他，他也可能不予理睬，更何况是求他办事。而当人的情绪高涨时，其思维和心理状态与处于低潮期正好相反，此时，他比以往任何时候都心情愉快，说话和颜悦色，内心宽宏大量，能接受别人对他的求助，能原谅一般的过错，也不会过于计较错误言辞，同时，待人也比较温和、谦虚，能不同程度地听进一些对方的意见。因此，要掌握好对方的情绪，看准时机，尽量在对方情绪高涨时，与之交谈。

1. 在对方喜事临门时说

所谓喜事临门时，是指令人高兴、愉快、振奋的事情降临于对方时。如：对方在职位上得到晋升时；在科研上攻克难关，取得重大成果时；工作中成绩突出，受到奖励时；经济上得到收益时；找到称心伴侣、婚嫁或远方亲人来探望时，等等。

常言道："人逢喜事精神爽""精神愉快好办事"。在喜事降临到对方身上时，找其交谈，对方心情愉快，自然好说话，而且会认为你的到来是对他成绩的肯定，喜事的祝贺，人格的敬重，从而也就乐意接受或欢迎你的到来，所求之事，多半会给你一个完满的答复。

2. 在为对方帮忙之后说

中国人历来讲究"礼尚往来""滴水之恩当以涌泉相报"。在你为他帮了一个忙后，他就欠下了你的一份人情，这样，在你有事求他帮忙的时候，他必然要知恩图报。在不损伤对方利益的前提下，他能做到的事情，一般情况下会竭尽全力去帮助你。"将欲取之，必先欲之"，托人办事的时机，我们是可以进行预先创造的。

3. 有良好诉求时说

若要解决冲突应选择在对方有和解愿望时进行。伦理学原理告诉我们，绝大多数人都具有"羞恶之心"，这种"羞恶之心"体现在与他人发生无原则的纠纷之后，会对自己的行为自觉地反省。通过反省察觉到自己的过错之时，一种求和的愿望就会油然而生，并会主动向对方发出一系列试探性的和解信号。

这时只要我们能不失时机地友好地找对方谈谈，僵局就会被打破，双方的关系也会重新"热"起来。因此，要善于捕捉对方发出的求和信息。

例如，对方主动接近、打招呼，与见面时由过去满脸阴云到"转晴"，或者暗中帮助我们排忧解难等。这时，就应该及时投桃报李，以更高的姿态、更炽热的感情找其交谈。切不可视而不见，见而不说，说而不诚。否则，对方一旦认为求和试探失败，和解的愿望就会顿消，误解将会转化为敌意，将会出现严重对抗的局面。

在日常交流、公关活动中说话注意对方的情绪很重要。对方情绪好，就多说几句；对方情绪不好，就少说几句，或者干脆不说。

同时还应注意，交谈时不应涉及对方秘而不宣的想法或隐私，不要多谈对方（除非是熟知的亲友）的健康情况，他若身体不适，这样的话题很可能勾起他的愁绪，影响谈话的效果。

总之，要想表达恰当，兼顾交谈者的情绪是十分必要的，利用得好，会改善、提升交谈效果，利用得不好，会破坏交谈的气氛，难以获得理想的交谈效果。

第 5 章
恰当表达，到什么场合说什么话

表达要自有分寸

说话自有分寸是恰当表达的重要方面，不讲分寸的表达是不受欢迎的恶作剧。没有一个正常人喜欢漫无边际、不切实际的夸夸其谈，更无法接受精神病式的口出狂言，所以，无论说什么话，都要讲究个分寸。

某公司经理要乘飞机去外地办事，呼喊司机把车开过来，由于事情很急，经理一拉开车门就对司机大声说，"快点！快点！怎么慢慢腾腾的，干什么都不利索！"

司机很不高兴，小声回了一句："我怎么慢腾腾了，不加满油走到半路趴窝了，还能赶什么飞机呀！"经理很聪明，随即意识到自己语言有误，他又立刻笑呵呵地说："别着急！我是经理，这飞机也许会看我的面子等一会儿。"应当说，这位经理的处理方法和说话的原则、方式基本上是成功的。

懂得尺寸的表达才是恰当的，下面是说话时常要注意的表达尺度。

1. 不要"问"过头

很多时候，有些事不要问，更不要"问"过头。因为每个人都有隐私，既然是隐私，就不想让人知道，即便是亲近的人。如随意问对方的年龄、收入、婚姻、健康等。如果不管不顾，一味地打破砂锅问到底，必然会让对方徒生反感，影响交流。

2. 不要"侃"过头

侃大山是说话中常有的事，但不应是乱侃。侃，必须具备较高的艺术性，一般要求在短暂的时间内，用最简洁、艺术的语言，把主要情况介绍清楚，把听者情绪调动起来。可是，有些人不是这样，他们往旁边一站，夸夸其谈，不是在与人调侃，却像在表演单口相声，自顾自说；有的人话题离题千里，把听众的耐心都"侃"没了；还有的人不顾实际漫天吹牛，天上地下唯我独尊，眼中无一物，这就是"侃"过了头。

3. 不要"乐"过头

生活中，有些人一站出来，大都是精神饱满、神采飞扬，笑嘻嘻、乐呵呵的。这是要运用自己的欢乐神态去感染听众。可是，有些人似乎对这种"乐"的作用不太清楚，不懂得它应当产生的效应，未在"逗人笑"上下功夫，只是自己笑得合不拢嘴，甚至又是弯腰又是低头，可听者并未听出笑料，自然"配合"不了，没有笑声，也没有掌声了。这样自娱自乐，就有点过头了。

4. 不要"演"过头

说话，各有各的风格或特色。可以亲切感人，可以稳重深沉，可以随和潇洒，可以幽默风趣，但一定要根据环境，做到恰如其分。有些人为了追求说话中幽默的效果，语言胡编乱造，甚至做些很不雅观的动作，跟小丑表演差不多。听者本想笑，却笑不起来，只好摇头叹息，或者出于照顾对方情绪的考虑，赔着干笑。这样的风趣似乎"串味"了。"演"过了头，听者是不喜欢的，这样的人只会给人华而不实的感觉。

5. 不要"抢"过头

有时候说话的人多，就会产生抢着说话的问题。有时话抢得好，可以扣住听众的心弦，产生强烈的吸引力和感染力。但是，也有说话人之间"抢"戏过头的现象。一些人往往有强烈的表现欲，说起话来没完没了，抢白、回敬放连珠炮，那阵势好像要使对方山穷水尽，让自己独占鳌头似的。

这样的"抢"就会使人不平不满，使说话效果受到影响。因为大家都是平等的，不是来看哪个人的个人表演。懂得表达艺术的人，绝不会处处"抢"话。

几千年前，孔子就告诉过我们：智者，慎言、独行。"度"，很多时候是衡量事物是好是坏的分界岭。总之，凡事要有"度"，过了"度"就失去了准则，好事也有可能变成了坏事，原本很美的东西也就有可能不美了，所以，一定不要跨过这个"度"，表达也是如此。

把握好表达的"深浅"

话说得太深,大体表现在两方面:一是晦涩难懂,不便交流;二是触到了别人的隐私,揭开了疮疤或某些事的底秘。这两种情况,都属于不适当表达,是交往的大忌。那么,应该怎样把握说话表达的"深度"呢?

己话他说

在一些特殊情况下,由于碍于情面,有些话自己难以启齿,有时同一句话,虽然己方说出来可以自然而然,但对方听罢,也可能会产生误解,引起尴尬,这时诱导对方先开口无疑是上上之策。

王某准备借助好友赵某的关系做笔生意,可就在他将一笔巨款交给赵某的第二天,赵某却因意外身亡。王某立刻陷入了两难境地:若开口追款,太刺激赵某的家人;若不提此事,这笔巨款对自己影响重大。

帮忙料理完后事,王某是这样对赵某的妻子说的:"真没想到赵哥走得这么早,我们的合作才开始。这样吧嫂子,赵哥的那些关系户你也认识,你就出面把这笔生意继续做下去吧!需要我跑腿的时候尽管说,吃苦花力气的事情我不怕,你看行吗?"

王某的话里面丝毫没有追款的意思,而且表现得豪气冲天、义气感人,其实他明知赵妻没有能力也没有心思干下去,他之所以这样说，实际上是在暗示、提醒：我们还有合作呢。

结果，赵妻反过来安慰道："这次出事让你生意受损了，我也没心思干下去，你还是把钱拿回去再找机会吧。"

就这样，王某巧妙地把自己要说的话让对方说了出来，圆满地将问题解决了。下面是说话的一些技巧，它们可以让你把话说得"深浅"有度。

庄话谐说

诙谐幽默的话题往往能引起对方感情上的愉悦轻松；庄重严肃的话题会使人紧张慎重。在一般情况下，只要不是十分庄重严肃的场合，最好能把庄重严肃的话题用轻松幽默的形式表达出来，这样对方在笑声中可能更容易接受。

近话远说

在某些特定的场合，如果表达得太直白，可能会引起对方的不满，或者对自己产生不利的影响，但意思又不能不表达。这时，如果采用"借他人之言，传我腹中之事"的方法，借用一个并不在场的第三者之口说出，便可以弱化对方的不满和对我方的不利影响。这种方法就是"近话远说"。

深话浅说

问题的深处总要牵涉到本质上，就本质问题争执不下，容易形成僵局，问题搞僵了，不但关系到彼此的利害，也关系到彼此的面子和尊严。这时就应该从深的问题中爬出来，绕过本质，在浅明的问题上导引变通，这样就可能获得满意的效果。

实话虚说

很多时候，实话如实表达，往往会伤到人，使人自尊心受损。这种情况下，可以实话虚说，以"虚"探实，如听说受托之人可能

"进"去了,但不好直接问知情人,可以虚问:"李局出差了?""有个事想与李局沟通一下",这样问,可能会获得想要的答案。

话说得太浅,不足之处有二:一是话不到位,表意不明,达不到表达效果;二是抓不到本质,击不中要害,解决不了问题。所以,在与人说话时既不能说得太深,也不能说得太浅。可根据实际情况,"浅"话巧说。

借力使力

在表达时,可以巧用对方或第三者的言行来为自己服务,可以说是借人之势,长自己之威风,灭对方之锐气。下面我们先看萧伯纳是如何用"浅话"制服对手的。

萧伯纳的剧本《武器与人》首演获得成功,许多观众在剧终时要求他上台与大家见见面,可是,当萧伯纳走上舞台时,有一人大声嚷道:"萧伯纳,你的剧本糟透了,谁也不要看,收回去吧,停演吧!"

听到如此无礼的叫嚷,萧伯纳没有发怒,相反,他向那人深深地鞠了一躬,彬彬有礼地说:"我的朋友,你说得好,我完全同意你的意见,遗憾的是,仅我们两个人反对这么多观众有什么用呢?我们能禁止这个剧本上演吗?"

萧伯纳巧借观众的力量,把一个很深的问题带到了很浅的层面上来说,有力地反击了对方的无礼,获得了极佳的表达效果。

利用俗语

谚语、歇后语是经过人们长年传诵、千锤百炼流传起来的,它们寓意深刻,韵味隽永,结构固定,朗朗上口。用它们来形容、描绘事物,形象生动,浅显易懂,听来如饮甘泉,如嗅芳香。

利用比喻

在言语表达中,比喻技巧的运用是很广泛的。一个生动形象

第 5 章
恰当表达，到什么场合说什么话

的比喻，能化深奥为浅显，化抽象为具体，化生僻为通俗，同时也能启发丰富的联想，使表达如虎添翼，效果倍增。

一次，一个理论家向人们宣传民主和权利的关系，尽管他做了详尽严谨的论证，但听众似茫然不得要领。有人问："到底是民主重要，还是权利重要啊？"

理论家想了想反问："那么对一个人来说，什么更珍贵，是右脚还是左脚？"

全场静默片刻，突然爆发出雷鸣般的掌声。

一大篇抽象理论没能说服听众，一个信手拈来的浅显比喻却说尽深蕴之理。

利用口语

表达的目的首先是让人听明白，然后按其讲话要求去做。如果讲话中用了大量专业、抽象、不易理解的用语和词句，听者必然听不明白，影响表达效果。因此，表达要尽量用通俗易懂的常见词语、简略语和流行的口头词汇。下面是林肯的一段竞选词：

有人打电话问我有多少钱，我告诉他们我是一个穷人。我有一位妻子和儿子，他们才是我的无价之宝。我有一间房子，房子里有一张桌子和三把椅子。墙角有一个柜子，柜子里的书值得我读一辈子。我的脸又瘦又长并且长满胡子，我不会发福而挺着大肚子。我没有什么可以乘凉的伞，唯一可以依靠的就是你们！

表达时要多用贴近人们现实生活的自然轻快、通俗易懂的口语，如多选用儿化名词、象声词、叠音词、语气词、民谚、歇后语等，这样才容易被听者所接受。

把"刺儿"藏在花蕊里

问题的深处总要牵涉到本质上,就本质问题争执不下,容易形成僵局,把问题搞僵了,不但关系到彼此的利害,也关系到彼此的面子和尊严。这时应该从深的问题中"拔"出来,绕过本质,在浅明的问题上导引变通,做适当的表达。

当对方在较深的问题上固执己见时,可以故意把对方捧到优势的位置上去,表明决定权在对方手上,我方则处于"附庸"顺从的地位,使对方在心理上获得一定的满足。然后,以弱者、小者的身份表明自己的态度,并且软中带硬地指出对方如一味固执己见,则我方迫于无奈只好采取某种消极行动。对方站在"强者"的位置上,一方面碍于面子,一方面也要考虑现实后果,因而不得不有所变通,接受我方的意见。

有时候为了引导对方认识某个道理,需借助某一个类似的事物加以说明和描述,这样才能把抽象的道理表达得具体,把深奥的哲理讲得浅显,把生疏的事物说得熟悉。

庄周是战国时期著名的思想家,他一生过着清贫的隐居生活。一天,庄周家又揭不开锅了,妻子叹息着一再催促他出去想办法。庄周万般无奈,决定到好朋友监河侯那里借点粮食,以解燃眉之急。

第 5 章
恰当表达，到什么场合说什么话

事不凑巧，监河侯正忙于收拾行李准备外出，见到庄周连忙寒暄："多日不见，庄兄大驾光临，不知有何见教？"

庄周直截了当地讲明了来意。监河侯说："借粮之事好商量。我正要进城收租金，等我收完租金回来再借你银子好吗？"说完就要动身上路。

庄周听了监河侯的回答，又气又急，心想：你到城里来回一趟要半月之久，等你回来，我一家老小岂不全饿死了？好在庄周善于表达，他略一思索，对监河侯说："仁兄且慢，陪我喝完一杯茶再走好吗？"

监河侯只好坐了下来。庄周一边喝茶，一边对监河侯说："昨天，我在来你家的路上听到有呼救的声音。我四处张望，并未看到什么异样情况，最后在路旁的一道曾经积过水的干水沟里，发现一条快要干死的小鱼在那里张大嘴巴呼救。于是我问它：'小鱼呀，你从哪里来，怎么变成这个样子了呢？'小鱼回答说：'我从东海来，现在快要干死了，你能不能给我一小桶水救我一命呢？'我回答它说：'要水吗？这好办，你等着，我去见越国和吴国的大王，请他们设法堵住西江的水，然后把西江的水引来迎接你回东海，好吗？'小鱼听了很生气，说：'我在这里快要干死了，只要一小桶水就能活命。如果照你的打算，等到西江水引来的时候，那就只能到干鱼摊去找我了。'"

听到这里，监河侯羞得满脸通红，立即吩咐家人到粮仓去装了满满一袋子粮食交给庄周。庄周接过粮食，谢过监河侯，兴冲冲地回家了。

庄周虽然一开始被拒绝，却并未斥责朋友的冷淡，也未哀求，而是借故事巧妙比喻，既未引起监河侯的不满，又让其明白自己的意图，顺利地借到了粮食。这就是把刺儿藏在花蕊里表达。

把刺儿藏在花蕊里表达的好处在于将"刺儿"掩藏起来，不伤人的同时又将意思表述清楚，这样容易取得令人满意的效果。

批评他人也适用于这种表达方式。事实告诉我们：愿意承认错误的人是少的，这是人的本性。犯了错，为了维护面子和自尊，自然不愿意直面批评。所以，在批评犯错之人的时候，一定要拿捏好分寸，把刺儿藏在花蕊里才是受人欢迎、行之有效的方法。

卡耐基先生在著作中举了1896年麦金利竞选总统的例子。

当时一位知名的共和党人写了一篇竞选演说稿，他自认为写得很好，于是他非常高兴地在麦金利面前大声读起来。虽然这篇稿子有他的优点，但麦金利总觉得有些不合适，感到里面有些内容会招来公众非议。麦金利知道必须在不妨害两人之间感情的前提下向对方说"不"，于是有了如下谈话。

"我的朋友，这的确是一篇精彩的演讲稿。"麦金利说，"你写得比其他人都好。在一般情况下，它很合适。但在今天这样的特殊场合，你看一看是否合适？也许你已认为它很合理与慎重，但我们必须从整个共和党的角度出发，来考虑它造成的影响。现在你回去，重新从大局考虑一下，想想我的提醒，再写一篇更好的。"

他按照麦金利的意思做了。麦金利又帮他改了改，并最终敲定。也正是这篇演讲稿在后来的竞选活动中发挥了重大作用，使麦金利获得了竞选的成功。

刺儿容易伤人，把刺儿露出来，自然会让人退避三舍，但如果把刺儿适时隐藏起来，就容易让人忽视锋芒。用在说话上，正如上面所说，把刺儿藏在花蕊里表达，不伤人的同时又能将意思表述清楚，则容易取得令人满意的效果。

玩笑话要遵循一定准则

玩笑话是生活的调味剂、开心果,它极富生活情趣,不仅有愉悦身心、活跃气氛、避免尴尬的奇效,还可以促进谈话者彼此的情谊。但这里所指的是适宜的玩笑话,不包括那些不合时宜、粗制滥造的玩笑话。

高级的玩笑绝对是一门艺术,有一定的准则要遵循,绝不是想怎么开就怎么开,想跟谁开就跟谁开,想在哪儿开就在哪儿开。如果不遵循开玩笑的准则,轻者使话题沦为浅薄、低级的陷阱,原味尽失,严重者还会破坏气氛,得罪人,使人心存反感,破坏原先和谐的关系。

开玩笑要遵循"三看一要"的准则:

1. 看对象

开玩笑一定要看开玩笑的对象。有的人性情随和开朗,愿意别人和他开些玩笑,而有的人性情古板,非常抵触别人同他开玩笑。对于前者开些适宜的玩笑,不但能活跃一下气氛,还可以增进彼此的感情,而对于后者,则需慎重开玩笑,往往不但得不到你想要的效果,还可能会刺激到对方,弄不好跟你翻脸,闹得不欢而散。

通常情况下,领导和下属开些玩笑,可以达到让人觉得彼此平等、领导平易近人的效果,可是反过来,下属就不适宜和领导开玩笑,虽然你们可能是好同学、好朋友,有很好的交情,但领导永远是领导,自有他的自尊和脸面,自不容随意"亵渎",特别有别人在场的情况下,更不宜与领导开玩笑,弄不好会"引火上身"。

另外,也不要总和同事开玩笑,特别是异性同事,那样会显得不够庄重,降低自己的人格,容易让对方看轻你,认为你不够成熟,不够踏实,从而对你失去好感和信任。

还有,不要随意和长辈开玩笑,那样容易落得没大没小、不尊敬长辈的名声。

2. 看场合

开玩笑还要特别注意场合是否合适。比如在图书馆、医院、会议现场等需要肃静郑重的场所就不适宜开玩笑,即便是在一些非庄严肃穆的场合,如与不是很熟悉的朋友聚会时也不宜随意开玩笑,否则不但不会起到应有的效果,反而极有可能适得其反。

3. 看时机

在时机的选择方面,通常要选择对方心情舒畅,或者当对方因小事生气烦闷时。这时开玩笑,可将对方的情绪提高或扭转过来,即使开的玩笑有些不合适,如果时机选择适当,也无伤大雅,不会惹对方不高兴。

4. 要注意内容

玩笑话的内容是很重要的,一定要注意内容健康、情调高雅,切忌开庸俗的玩笑,比如逗乐的黄色段子,特别是有女士在场的时候,更不要开这种玩笑。

另外,一定不要拿别人生理上的缺陷开玩笑,对身体伤残的人士不使用"残废人""独眼龙""瞎子""聋子""傻子""呆子""弱智"等蔑称,而应使用"残疾人""盲人""聋人""智力障碍者"等词语。

总之,开玩笑本是件娱人乐己的好事,千万不要为了迎合自己和某些人的口味,开些低级庸俗的玩笑。也不要不看对象,不顾时机场合是否合适,乱开玩笑,自以为很幽默,实际上却暴露了自己的浅薄和无知,那样的话就得不偿失了。

真心话要实说，场面话要虚说

真心话是一个人内心真实情感之语，而场面话则是在公开场合下客套的言论。在人际交往中，说真心话，向对方坦诚表明心迹可以获得对方的信任，增进双方的感情和凝聚力，促进关系进一步向前发展，所以，真心话要"实"说。

场面话是人际交往的必备用语，是在各种场合下说的客套话，一定程度上，它能够发挥润滑剂的效用，可有效融洽人际关系，有助于消除陌生人之间的隔阂，使双方尽快熟络起来。

在一个商务鸡尾酒会上，有位外商走过来与一位中国商人打招呼。中国商人急忙将手里的冰橙汁放下，与对方握手。外商微笑着问："您的手为什么这么冰冷呢？"中国商人急忙解释，并用手朝那杯冰橙汁乱指。

外商听后马上摇头："不不不，你只需要讲'我的手虽然冰冷，但我的心是热的'就行了。"

这里，外商询问的话其实就是场面话，实际上，外商并不是真正关心中国同行的手为什么是凉的，只是出于打招呼的需要才说的。同时，中国商人也没有义务去解释自己的手为什么是凉的。

第 5 章
恰当表达，到什么场合说什么话

这不过是两个陌生人找个话题混个脸熟而已，不必太在意对方的每一句话。正如那个外商所说，只需要说"我的手虽然冰冷，但我的心是热的"就可以了。

人际交往中，迎来送往，接触的人形形色色，其中很多人是场面上的朋友，所以场面话需要经常说。不过，既然是场面话，就不要对其过于认真，如果将别人说的场面话当成了真心话，认真甚至苛刻对待，那么就很有可能造成误会，影响了彼此的关系，并可能会因此耽误了要办的事情，所以，场面话要"虚"说。

A君在管理方面小有经验，但是在原公司一直没有得到升迁，于是他动了跳槽的念头。在一次聚会上，他通过朋友的介绍，认识了C君。在知道C君有一定活动能力后，A君请求C君帮忙找一个好公司。C君说自己确实认识一些大公司领导，可以帮助想想办法。A君十分高兴，千恩万谢后就回去等好消息了。

可是几个月时间过去了，A君苦等消息无果，于是就有些生气地来找自己的那个朋友，抱怨C君说话不算数，言而无信，让自己傻等这么长时间。那个朋友本想告诉A君，对方只是应付地说一下场面话，不要过于认真。但是看着A君气愤的样子，又不知道该怎么劝慰。

正如那个朋友所说，C君只是应付地说了一下场面话，而A君却将这句场面话当成真心话，结果闹出了一出乌龙，影响了双方的关系。

场面话是在"场面"上所说的话，是应付交际中使用的各种"场面"话，它似乎掩饰了许多真实的意思，很多时候让人信以为真。其实，要明白，那些话通常只是为了应付一些场合或是为自己找一个台阶下而已。你过于认真对待了，并因此耽误了事情，那是你的幼稚，怨不得对方。

但是也不要将场面话与空话、假话完全画上等号，而应将其视为人际交往中一种必备的说话办事的技巧。因为在很多场合下，面子上的事情总是要讲一讲的，讲"场面话"的作用就是维护双方的面子，融洽交际的氛围，消除彼此陌生的隔阂。

场面话不一定代表一个人内心的真实想法，也不一定合乎事实，所以，一定不要将场面话当成真心话，而要把它当成说说而已的话。

场面话可以随意说，但是真心话却是不能随便说的，一定要看情况、看对象。只有情况适合了，对象适宜了，才能将内心的真心话讲出来。否则，只会让自己被动，甚至损害到自身的利益。正由于此，真心话不宜乱说，也不宜将场面话当成真心话。

那些在公开场合下恭维你的话、许诺你的话，酒桌上的话、客套话，你都要仔细加以甄别，分清它的真假。你不妨持怀疑的态度、观望的态度对待，千万不要一开始就完全当真。同样，你在表达时，也要处理好真心话和场面话两者的关系，说好真心话和场面话。

第6章

精妙表达，字斟句酌句句精彩

精准表达除了要求准确达意外，还要尽量精妙、精彩。准确精彩的表达有助于听者理解信息，更能提高心理舒适度。

合适的称呼是最好的开场白

说话之前,总要称呼一下。称呼合适了,可使对方感到亲切;反之,往往就会引起对方的不快,甚至反感,双方就会陷入尴尬的境地,致使交往梗阻,甚至中断,所以说,合适的称呼是最好的开场白。

《说岳全传》第六十一回记录了这样一个故事。大将牛皋迷路了,他看见了一位老者,就在马路上对老人吼道:"喂,老头儿!爷问你,去小校场怎么走?"老人听了不但没给他指路,反而骂他"冒失鬼"。过了一会儿,岳飞跟到了这里。他看见老者后,先下马,然后上前施礼:"请问老先生,方才可曾见一个骑黑马的?他往哪条路上去了?"老人耐心地给岳飞指了路。

同样是问路,岳飞得到了帮助,牛皋却只能尴尬而去,差别就在称呼上。称呼是与人交往的第一句话,也是我们审视自己的一面镜子。

那么如何称呼对方才算合适呢?通常需要兼顾下面这些因素:

年龄

如是长者,一定要呼尊称,保持谦逊态度,不能随便喊:"喂""嗨""打扫卫生的""看大门的"。如果和对方关系特殊,或者非常熟络,在确定不会引起对方不快的情况下,称呼可以随意些。对和年龄相差不大或比自己小的人，称呼可随意些，但要保持稳重。

身份

不同职业、身份的人，应该有不同的称呼。有较高身份、地位的人通常在阅历、学识等方面高于一般人，对于这一类人群，在称呼上应体现出尊敬来。而对一般人则可随意些，不必过于拘泥。在称呼中准确体现出了这种差别，会让相应当事人的内心产生很舒坦的感觉，显然，有利于后面的交流和交往。

场合

表达有不同的场合，在称呼别人的时候，要注意到场合的不同对称呼的影响。一般来说，在不是很正规的场合，称呼可以随意些。但是在正式场合，或者有陌生人在场的时候，称呼最好不要过于随意，以免留下不好的印象。"哥们儿""姐们儿""磁器""死党""铁哥们儿"等一类的称呼在正式场合切勿使用，否则会显得庸俗低级，档次不高。

地域

有些称呼，是具有一定地域性的，比如，北京人爱称人为"师傅"，山东人爱称人为"伙计"，中国人把配偶、孩子经常称为"爱人""小鬼"。但是，在南方人听来，"师傅"等于"出家人"，"伙计"肯定是"打工仔"。如果不考虑双方的地域差别，就真的会"南辕北辙"，误会太太了。

亲疏

在称呼别人的时候，要考虑到自己与对方之间关系的亲疏远近，比如称呼很亲近的同辈人，直呼其名显得亲密无间、欢快自然。当然，为了打趣，开玩笑称对方的小名或昵称也是很适宜的。

显然，对还比较生疏的人，则不适宜这样称呼。

另外，在和多人同时打招呼时，更要注意亲疏远近和主次关系，一般来说以先长后幼、先上后下、先女后男、先疏后亲为宜。

先后

先打招呼可以给人一种亲切感，有助于提升个人影响力和个人魅力，为后面的交流打下良好的基础。

周到

参与聊天的可能不止一个人，在打招呼时，不仅要与熟络的人打，还要与不熟悉的人打，不要冷落任何人。对不熟悉的人，可微笑或点头示意，表达你的友好。

另外，不知如何称呼对方时，掌握一些打招呼的常用语是十分必要的。一般来说，最简洁明了、通行性最广泛的打招呼用语是"您好"。此外，还有"早上好""晚上好""大家好""你早""在哪儿发财"等也是较常见的招呼用语。

总之，合适的称呼是联络感情的手段，是沟通的必要方式和增进友谊的纽带。正如上面所说，合适的称呼是最好的开场白，这个开场白"开"好了，就是给后面的表达开了个好头。

第 6 章
精妙表达,字斟句酌句句精彩

幽默讲技巧,用好才精彩

好的表达离不开幽默。一个哲人曾这样写道:"心灵若是堆满垃圾,心胸容易狭隘;心灵若是一尘不染,心胸则无限宽广。幽默的语言就来自纯洁、真诚和宽容海涵般的心灵,是生命之歌中最曼妙迷人的旋律,是人生智慧之原上绽放的最美丽的花朵,是人们能够从你那里享受到的心灵里的一片艳阳天。"

可见,幽默语言是我们每个人都想要得到的,无论是听他人说还是说给他人听。

幽默运用得好可以增添生活的乐趣,让交际气氛变得融洽轻松,是一种高级的表达方式。但是幽默不是低级的玩笑,它是心理和语言智慧的结晶,有一定的表达讲究,正所谓幽默有技巧,用好才精彩。下面是一些幽默技巧,掌握好它们,有助于更好地表达。

利用对比

古罗马政治家西塞罗经常这样说:"先生们,我这个人什么都不缺,除了财富与美德。"

通过对比可以揭示事物的不一致性,它把两种或两种以上互不相干的、彼此之间没有约定俗成的联系的事物放在一起对照比较,显得不伦不类,以提示其相异之处,使人在会心的微笑或难堪的情况中受到教育。

运用暗示

一位女记者对日本前总理大臣吉田茂进行"纠缠性采访",总理大臣无可奈何地回答了她一连串的问题,最后女记者说:"我还想提个问题,阁下对女人有什么想法?"吉田茂回答:"啊,过去想法很多。不过,自从这回看到您之后,就没有什么想法了……"

这是意在言外的冲撞,也是很辛辣的幽默。这类语言一般都是一些暗含有其他意思的语言,使用这种语言表达的是一种含蓄的幽默。

运用比喻

老师对吵闹不休的女学生说:"你们叽叽喳喳,简直胡闹。一个女孩相当于五百只鸭子。"不久,一名女生在外面报告:"老师,外面有一千只鸭子找您。"老师不明就里,出门一看,原来是自己的妻子和女儿。

这位女生巧用比喻,用鸭子直接喻人,给人以物的形象,同时,机械换算,自然天成,平添乐趣。

转移幽默

空中小姐用和谐悦耳的声音对旅客命令道:"把烟灭掉,把安全带系好。"所有的旅客都按照空中小姐的吩咐做了。过了5分钟后,空中小姐用更优美的声音又命令道:"再把安全带系紧点吧,很不幸,我们飞机上忘了带食品。"

当一个表达方式原是用于本义,而在特定条件下扭曲成另外的意义时,于是便获得了幽默效果。

夸张幽默

运用丰富的想象,把话说得张皇铺饰,也能收到幽默效果。

第 6 章
精妙表达,字斟句酌句句精彩

"新世纪丝绸之路经济论坛"在泉州举行,主持人白岩松在开场时大赞泉州空气优良,他夸张地说:"从北京到泉州,还没反应过来,就到泉州呼吸了3个多小时的新鲜空气,智商顿时提升了许多。"话一出口,立刻引来全场热烈的掌声。

先承后转

一次普希金参加一位爵士的家庭舞会。他走上前邀请一位傲慢的漂亮小姐同他跳舞。

小姐不屑一顾:"我不能同小孩子跳舞!"

普希金微微一笑:"对不起,小姐,我不知道您怀孕了。"

这种表达技巧一般是先顺着对方的意思说,然后再顺势一转,形成对比,达到幽默的效果。

利用自嘲

有一次马克·吐温去饭馆吃饭,吃完饭付钱时,他把鞋子一脱,从鞋底抽出一沓钱。侍者见了大为惊奇,马克·吐温付之一笑:"这东西过去压迫我,我现在也要压迫它。"

实际上,幽默的方法还有很多,诸如倒引、转折、双关、故作曲解、故作天真、谐称等,无论哪种幽默,都要真实自然,表达巧妙、恰到好处,否则,不但不会取得应有的效果,还可能适得其反,带来尴尬。

一样话，百样说

说话是一件事关人生成败的大事。人类行为学家汤姆士曾说："说话能力是成功的捷径。会说话的人受人尊敬，会赢得爱戴和拥护。它使一个人的才学充分发挥，让人事半功倍，成绩卓著。"

成功学大师卡耐基也十分认可口才对人的重要性，他说："假如你说话，可以使对方喜欢你，可以结交好朋友，可以开辟前程，获得满意的结果……你的一生，有一大半的影响，来自说话艺术。"

可见，在很大程度上，一个人的说话能力体现了他的办事能力，彰显了他的魅力。

会表达的人不但懂得说话的显规则，也熟悉说话的潜规则，知道什么话该说，什么话不该说；知道什么时候说有益，什么时候说损人又不利己。

人性是共同的，谁都愿意听好话。好话得好报，孬话得恶报，是屡试不爽的。正所谓一样话，百样说，事实证明，会说话和不会说话的结果大相径庭，下面的小故事就说明了这一点。

朱元璋出身贫寒，做了皇帝后自然会有昔日的朋友到京城找他。一位朱元璋儿时的好友千里迢迢从老家安徽凤阳赶到南京，几经周折总算进了皇宫。

一见面，这位老兄便大嚷起来：

第 6 章
精妙表达，字斟句酌句句精彩

"哎呀，朱老四，你当了皇帝可真威风呀！还认得我吗？当年咱俩可是一块儿光着屁股玩耍，你干了坏事总是让我替你挨打。一次咱俩一块偷豆子吃，背着大人用破瓦罐煮。豆还没煮熟你就先抢起来，结果把瓦罐都打烂了，豆子撒了一地。你吃得太急，豆子卡在嗓子眼儿还是我帮你弄出来的……"

朱元璋一听，这不是当着众人面让自己丢脸吗！让我这个当皇帝的脸往哪儿搁？情急之下，不等对方说完就连声大叫："推出去斩了！推出去斩了！"

这个人可以说是情商很低，此一时彼一时，现在的朱元璋可不是当初给人放牛的朱重八，跟他说话怎么还能这样肆无忌惮、毫无顾忌，因此这个人落得个悲惨的结局是十分正常的事。

同样是说话，朱元璋另一个从小的玩伴。是这样说的："我主万岁，当年微臣随驾扫荡庐州府，打破罐州城。汤元帅在逃，拿住豆将军，红孩子当兵，多亏菜将军。"

朱元璋一听龙颜大悦，下令重重赏赐了这个儿时的玩伴。

正所谓，一样话，百样说，就看你会说不会说。说话时一定要掌握好分寸，多赞美，少揭人之短，尽量回避对方的缺点和错误，知道在什么时候该以怎样合适的方式去说。

一天，教士们在教堂里做祈祷，有一个教士熬不住烟瘾，便问主教："我祈祷时可以吸烟吗？"结果，遭到主教的斥责。第二天，另一个教士也犯了烟瘾，他却换了一种方式发问："我吸烟时可以祈祷吗？"主教笑了笑，答应了他的请求。

可见，同样是一句问话，甚至词句都一字不变，但只要重新组合，换一种方式发问，得到的结果就会截然相反。这就是会表达和不会表达的巨大差别。

总之，说话是一门艺术，一门讲究人性、心理的表达艺术，它涉及很多方面，既要看对象、场合、时机，还要看情绪、口气、关系等因素。

会表达的人说话时，会兼顾多个因素，变通说话，让说出来的话既适合当时情况，又符合听话人的心理，因此总是受到欢迎。

第 6 章
精妙表达，字斟句酌句句精彩

学会说好体面话

人人都有面子，人人都爱面子，所以，与人说话一定要给人留面子，不要伤人自尊、无所顾忌。也就是说，在各种场合要尽可能说好体面话。

1. 让别人更有面子地接受拒绝

拒绝别人时应该注意不使他们的面子受损。如果在拒绝对方的同时让他们丢了面子，那么他们就会在心中产生不满情绪。但是，如果在拒绝别人要求时，不让对方丢面子，使别人非常体面地接受拒绝，结果可能会大不相同。

对于许多人来说，拒绝别人是一件很难办的事。当别人对我们提出要求时，我们不好意思张口说"不"，因为这样很可能会伤害对方的感情，造成两个人的关系疏远。但是有些时候，如果我们答应别人的要求，又会使自己很难办。许多人在面对这种矛盾时都十分苦恼，不知该怎样办。

其实，在自己确有难处，或者如果答应别人的要求，自己的利益会损失很大的情况下，我们就应该拒绝别人。但是拒绝别人也要考虑对方的情感，尽量做到不伤害双方的感情。因此，要艺术性地说"不"。

三国时期的华歆在孙权手下时，名声很大，曹操知道后，便请皇帝下诏招华歆进京。华歆起程之前，亲朋好友千余人前来相送，赠送了他几百两黄金和礼物。华歆不想接受这些礼物，但他想，如果当面谢绝肯定会使朋友们扫兴，伤害朋友之间的感情。于是他便暂时来者不拒，将礼物统统收下来，并在所收的礼物上偷偷记下送礼人的名字，以备原物奉还。

华歆设宴款待众多朋友，酒宴即将结束的时候，华歆站起来对朋友们说："我本来不想拒绝各位的好意，却没想到收到这么多的礼物。但是，匹夫无罪，怀璧其罪。想我单车远行，有这么多贵重之物在身，诸位想想我是否有点太危险了呢！"

朋友们听出了华歆的意思，知道他不想收受礼物，又不好明说，使大家都没面子，他们内心里对华歆油然生出一种敬意，便各自取回了自己的东西。

假使华歆当面谢绝朋友们的馈赠，试想千余人，不知道要推却到什么时候，也不知要费多少口舌，搞得大家都很扫兴，使大家都非常尴尬。而华歆却只说了几句话便退还了众人的礼物，又没有伤害大家的感情，还赢得了众人的叹服，真可谓一箭三雕。

华歆为什么能够成功地谢绝馈赠呢？主要是因为华歆注意保全朋友们的面子，他在拒绝朋友时，没有坦言相告，而是找了一个危害自身安全的理由，虽然朋友们也知道他是在故意推辞，但不会以此为意。因为华歆委婉地拒绝了他们，并没有让他们丢面子，所以他们非但没有怨言，还对华歆产生一种敬意。因此，让别人更有面子的接受拒绝也是口才艺术的一种表现。

2. 满足虚荣，留足面子

虚荣心人人都有，只不过大小而已。所以，在与人说话时一

第 6 章
精妙表达，字斟句酌句句精彩

定给足对方面子，有了面子，对方才会心甘情愿地为你"捧场"，而如果你不给面子，对方就会认为你是在"拆台"。所以，在事关面子问题上，我们一定要掌握好说话的分寸。

一位老师在路过学校操场时，发现前两天帮助搬运实验器材的那几位同学正拿着一枚实验室的凸透镜在阳光下做"聚焦"实验。他心想，实验室正好丢了一枚凸透镜，他们一定是在搬运时趁人不备偷拿了。于是这位老师上前说："哟，这透镜找到了！谢谢你们！昨天我到实验室准备实验，发现少了一个透镜，我想大概是搬运过程中丢失了，我沿途找了好几遍都未能找到，谢谢你们帮我找到了。" 这几位原以为会挨一顿臭骂的同学轻松地点了点头。

学会"现挂"

"现挂"是一个相声表演术语,指的是表演者能敏捷而有效地抓住周围环境中的突然行为或现象,使其与表达的内容结合起来,从而减少其不利影响,以达到烘托、补充、增强说话效果的方法。

在交际场合中,如果我们能根据眼前的景象敏捷的"现挂",不仅可以摆脱困境,很多时候还会收到意想不到的效果。

李肇星在任外交部副部长期间,有一次出使智利参加两国外交部政治磋商。会谈结束之后,按照惯例,要互赠礼物。李肇星便把从中国带来的礼品——仿青铜工艺品"马踏飞燕"郑重地交给了对方。

按照西方的习惯,受礼人一般是要当着赠礼人的面将礼品打开,然后赞扬、致谢。当智利外长解开精美的古色古香的包装盒时,令人尴尬的一幕出现了——骏马不是踏着飞燕,而是躺在飞燕的旁边!显然,礼物可能在运输途中破碎了。

就在现场的气氛凝固之时,只见李肇星迅疾做出了反应:他不慌不忙,从盒子里把骏马和飞燕拿出来,亲切地对智利外长说:"这是我国两千多年前的文物,十分珍贵。"

第 6 章
精妙表达,字斟句酌句句精彩

他边说边把骏马与飞燕对接好,微笑地对主人说:"您看,这骏马奔腾的姿势,这矫燕飞翔的动作,是多么的生动、逼真,两千多年前人类就有这么高超的艺术水平、这么先进的铸造技术,就连今人也会自叹不如。"

气氛开始缓和,在场的中方代表也为之松了口气。为了让气氛更圆满,李肇星又接着说:"古人也有考虑不周的地方,骏马与燕子结合的地方,做得不够结实——不过也不能责怪他们,他们哪里会想到,我们会万里迢迢把它带到大洋彼岸,送给我们最好的智利朋友呢?"

李肇星这一段机智的妙语将原本凝固的气氛化解了,会客厅里重新洋溢起了欢快的笑声。

再看一个例子。

汉末三国之际,刘备在小沛被吕布打得大败,失去栖身之地,不得已而投奔曹操。曹操素知刘备在徐州一带颇得民心,又有关羽、张飞为左膀右臂,生恐日后成为自己的心腹之患。为了把他控制在自己手中,他把刘备带到了许昌。

曹操这种顾虑并非多余,实际上,刘备也确有自己的想法。但表面上,刘备却又装出毫无作为的样子,在寓所屋后开了一片菜田,每天在地里种菜施肥。

一天,曹操突然请刘备赴宴。刘备不知曹操用意,十分不安。酒至半酣,忽然黑云漠漠,大雨将至。曹操看着天上闪电,忽又发起议论说:"龙能大能小,能升能隐;大则兴云吐雾,小则隐介藏形;升则飞腾于宇宙之间,隐则潜伏于波涛之内。方今春深,龙乘时变化,犹人得志而纵横四海。龙之为物,可比世之英雄。"说到这里,曹操回首问刘备:"你看谁可称得上当世英雄?"

刘备本自心怀异志,闻曹操此问,更加忐忑不安,但却又故作镇静,谦虚地说了些"肉眼不识英雄"之类的话。在曹操坚持发问之下,他便历数了袁绍、袁术、刘表、孙坚等人。哪知曹操听后,却仰天大笑,说这些人不过是碌碌无能之辈,何足挂齿,接着便再发议论:"所谓英雄,必定胸怀大志,腹有良谋,有包藏宇宙之机,吞吐天地之志者。"刘备问谁是这样的英雄,曹操用手指着刘备,又指一下自己,说:"当今天下英雄,只有刘使君你和我两人而已。"

刘备听罢,大吃一惊,手中筷子登时落地。当时正值大雨将临,一声霹雳轰然震耳。刘备自知失态,立即机敏地俯身拾起筷子,从容地说:"一震之威,乃至于此。"曹操笑着说:"大丈夫也这么害怕雷吗?"刘备说:"连圣人在迅雷烈风面前都会变色,何况我刘备,怎能不怕?"

就这样,刘备巧妙地转移了话题,成功解除了曹操的疑心。

生活和工作中有时难免有意外的情况发生,如果学会"现挂"说话,往往会让事情得以向有利的方向发展。例如,某物理老师在一次讲公开课时,不知是新洒扫的教室太滑,还是因紧张而未留神,突然脚下"哧"的一声差点滑倒。恰巧这节课的内容是摩擦力,未等学生们笑出声来,该老师便已放下粉笔问道:"这种现象说明我脚下的摩擦力是大是小?""如何才能不滑倒?"接着他又讲了汽车为什么打滑以及如何防止打滑的道理。

这个物理老师敏捷的现挂,不仅有效化解了尴尬,而且还生动形象地讲清了有关知识,得到各位听课老师的一致好评。

当然, 要做到巧妙地利用临场突发的非语言情境因素而现挂,不是一件容易的事。一般来说,必须做到以下这两点:一是目的明确,或烘托,或补充,以增强语意的表达;二是必须及时自然,切忌为"现挂"而现挂,这样才会具体生动,起到应有的效用。

给拒绝找一个好借口

给拒绝找一个好借口是十分必要的,可以说是一门语言的艺术。请看下面这个例子:

一位女士对林肯说:"总统先生,你必须给我一张授衔令,委任我儿子为上校。"

林肯看了她一下,并没有回答。女士继续说:"我提出这一要求并不是在求你开恩,而是我有权利这样做,因为我祖父在列克星敦打过仗,我叔父是布拉斯堡战役中唯一没有逃跑的士兵,我父亲在新奥尔良作过战,我丈夫战死在蒙特雷。"

林肯仔细听过后说:"夫人,我想你一家为报效国家,已经做得够多了,现在就把这样的机会让给别人好了。"

这位女士本意是恳求林肯看在其家人功劳的分上,为其儿子授衔。林肯当然明白对方的意思,但是他采用装糊涂的方法拒绝了对方的请求,让对方无话可说。这就是拒绝的艺术。

美国前总统罗斯福曾在海军任职,掌握着不为外界熟知的秘密。一次,他的一个好朋友向他询问关于加勒比海附近潜艇基地

第 6 章
精妙表达，字斟句酌句句精彩

的事情。

这属于军事机密，罗斯福知道自己绝不能透露出去。只见他四处张望，看到没人注意后压低声音对朋友说道："你能保守秘密吗？"对方答道："当然能。"罗斯福笑着说："我也能。"朋友听后哈哈大笑，遂不再追问。

说"好的"容易，说"不"则难得多，但正由于此，拒绝才更有理由成为语言的艺术、技术的难题。懂得拒绝的人绝对深谙表达艺术，他们不但没有因拒绝得罪人，反而因拒绝结交了朋友，巩固了关系，甚至拓宽了自己的人际关系。

恰到好处的拒绝既有利于自己，也有利于别人。高明的拒绝从不直接说"不"。以下是常用的一些说"不"的恰当方式：

1. 用沉默表示"不"

当别人问："你喜欢吃韩国菜吗？"你心里并不喜欢，这时，你可以不表态，或者一笑置之，别人即会明白。一位不大熟识的朋友邀请你参加晚会，送来请帖，你可以不予回复。它本身说明，你不愿参加这样的活动。

2. 用拖延表示"不"

你的同事约你星期天去钓鱼，你不想去，可以这样回答："其实我是个钓鱼迷，可自从成了家，休息的时间就被妻子占有啦！等我妻子不在家的时候，咱们再一起去。"你和孩子一块上街，孩子看到一件自己喜欢的玩具，很想买，但你又不想纵容孩子乱花钱，你可以拍拍衣袋说："很想满足你的愿望，可是爸爸实在是囊中羞涩。"有人想找你谈话，你看看表说："对不起，我还要参加一个会，改天行吗？"

3. 用反问表示"不"

你和别人一起聊天。当对方问："你是否认为物价增长过快？"你可以反问："你认为增长是快是慢？"你的朋友问："你喜欢我，还是讨厌我？"你可以回答："你认为我讨厌你吗？"

4. 用客气表示"不"

在别人送礼品给你而你又不能接受的情况下，你可以客气地回绝：一是说客气话，如"你太客气了，真的不需要这样！"二是表示受宠若惊，不敢领受，如"我没帮什么忙，实在是不好意思受领！"三是强调对方留着它会有更多的用途，如"这对我来说用处不大，你留着才能物尽其用啊！"等。

5. 用外交辞令说"不"

外交官们在遇到他们不想回答或不愿回答的问题时，总是用"无可奉告"这句话来搪塞。生活中，当我们暂时无法说"是与不是"时，也可仿照这句话，比如可以说："上帝知道""不久，事实会告诉你的""这个嘛……我们难说明白"，等等。

6. 以礼貌说"不"

一位作家想同哈佛大学某教授交朋友。作家热情地说："今晚我请你共进晚餐，你愿意吗？"不巧教授正忙于准备学术报告会的讲稿，实在抽不出时间。于是，他亲热地笑了笑，带着歉意说："对你的邀请，我非常荣幸，可是我正忙于准备讲稿，实在无法脱身，十分抱歉！"这样的拒绝是有礼貌而且容易让人接受的。

7. 不针对对方一人

某造纸厂的推销员找到一家出版社的总务处长，恳求对方订货。总务处长彬彬有礼地说："实在对不起，我们单位已同××造纸厂签订了长期购买合同，单位规定再不向其他任何单位购买纸张了，我也应按照规定办。"因为总务处长讲的是"任何单位"，就不仅仅针对这个造纸厂了，这样的拒绝不给人难堪，而且让人容易接受。

在生活中谁也免不了要说"不"，掌握以上这些不伤人的说"不"的恰当方式，并且在实际说话中灵活运用，定会取得满意的效果。

高级恭维要很有"深意"

每个人都有喜欢被别人恭维的心理,即使那些平时说讨厌恭维的人其实内心也是喜欢听恭维话的。问题的关键是,如何说好恭维话?因为恭维话说得不当,太露骨,会有拍马屁之嫌,这样就反而不美了。

会说恭维话的人,懂得将恭维的话隐藏起来,不显山露水,不露丝毫拍马屁的痕迹,恭维得恰到好处,这样,被恭维的人就会怡然自得了。常见的情形是:心中舒坦爽快,脸上堆满笑容,口里却很谦虚:"哪里,我没那么好!""你真是很会说话!"即使事后冷静地回想,明知对方所讲的是恭维话,却还是抹不去心中的那份喜悦。

要做到这种高级恭维,需要做好下列这些方面:

1. 要投其所好

使用恭维术最主要一个前提是必须了解对方的嗜好、习性,乃至脾气和情感。只有抓住对方的心理弱点,选用对方真正在意的事情进行恭维,才会让对方内心受用,感到合乎心意,在这种基础上,才可能产生好的效果。

美国第35任总统肯尼迪为人低调,很少接受记者采访。一位记者访问肯尼迪时,见面就说:"我看您还真像个人文主义者。"

这句话一下子便引起了肯尼迪莫大的兴趣,破例与这名记者长谈了将近两个小时,因为肯尼迪很崇尚人文主义,并对人文主义有很多独到的见解,记者的一句话正好勾起了他的倾诉欲望。

2. 要逢迎其长

我们经常在商场遇到这样一些情形:开始营业员同顾客在商品质量、样式或价格上争论得很厉害,但后来,营业员改变了战术,突然转而夸奖顾客在选择商品方面知识经验丰富,说:"能看出来,先生是一个特别懂行的人,我真得好好向您请教请教!"或者说,"即使你不买这件商品,我的收获也很大!"

说也奇怪,对方被这么一夸奖、一恭维,原先争论的心一下子消失了,将讨价还价的事转瞬间忘在了脑后。甚至有些顾客,工作人员一夸奖他,他就感到不购买商品就对不住对方似的,从而爽快掏腰包。这就是逢迎其长的结果。

3. 要圆滑巧妙

不露痕迹是高级恭维的一大特点,不让人看出你是别有用心"拍马屁",这样,既抬高了别人又没有贬低自己,可以说两全其美。

南朝齐代有个著名的书画家叫王僧虔,是晋代王羲之的四世族孙,他的行书、楷书继承祖法,造诣很深,一手隶书也写得如行云流水般飘逸。

当朝皇上齐高帝萧道成也是一个翰墨高手,而且自命不凡,不乐意听别人说自己的书法低于臣子,王僧虔因此很受拘束,不敢显露才能。

一天,齐高帝萧道成提出要和王僧虔比试书法高低。君臣二人都认真写完了一幅字。写毕,齐高帝萧道成傲然地问王僧虔:"你说，谁为第一，谁为第二？"

王僧虔沉默了一会儿，说了一句话。

齐高帝萧道成听了，哈哈大笑，已知王僧虔深意，遂不再追问两人到底谁为第一了。

若一般臣子，极有可能立即回答："陛下第一"或"臣不如也"，但王僧虔不愿贬低自己，明明自己的书法高于皇帝，为什么要做违心的奉承呢？但他又不敢得罪皇帝，怎么恭维呢？他想出了一句流传千古的绝妙答词，他是这样回答的："臣书，臣中第一；陛下书，帝中第一。"

他巧妙地把臣子与帝的书法比赛分为两组，即"臣组"和"帝组"，并对之加以评比，既恭维了齐高帝，给对方戴了一顶高帽子，说他的书法是"皇帝中的第一"，满足了皇帝的冠军欲，又维护了他自己的荣誉和品格，使皇帝更敬重他的风骨，觉得他不是那种专门拍马屁的庸俗之人。

4. 要因人而异

每个人的口味不同，因此，恭维话不应该千篇一律，而应因人而异，对不同的人，讲不同的恭维话。比如对年轻的客户恭维他的创造才能和开拓精神；对老年客户恭维他富有经验、处理事情老到；对爱好写作的人，恭维他思维敏捷、笔上生花，等等。一定不要不顾实际张冠李戴，否则极容易适得其反、弄巧成拙。

总之，恭维话总有人爱听，你对人所说的恭维话，如果能恰如其分适合其人，他一定十分高兴，对你产生好感。

第 7 章

灵活表达，对的话表白给对的人

千人有千面，同样一句话，有的人听了欣然接受；而有的人听了勃然大怒，所以，要想取得好效果，就要灵活表达，对的话表白给对的人。

揣摩对方心理说话

要想轻松地引入话题，或者迎合、改变一个人的想法，不引起对方的反感，甚至对抗，实现沟通的目的，就要学会揣摩对方的心理说话。这就像一个神枪手，如果蒙上他的眼睛让他只凭感觉去打，是难以击中目标的。不揣摩对方的心理说话，就像蒙上了神枪手的眼睛，让他盲射，自然难以有效达到目的。

看这样一个例子：

第二次世界大战期间，动人心魄的诺曼底登陆前夜，盟军最高统帅艾森豪威尔夜不能寐。夜色中他独自来到海滩上，想察看一下士兵们此时的情绪。他来到一名年轻的士兵面前，士兵见到他显得局促不安，艾森豪威尔说话了，"孩子，你现在的感觉怎么样。"

这个士兵回答道："我心里很怕，长官。"艾森豪威尔说："我也是。"两人的心一下子拉近了许多。随后，这名士兵与统帅几百万人的司令毫无拘束地聊了起来，谈话中，艾森豪威尔了解到士兵们不只是害怕，更了解到了士兵们斗志昂扬的真实情况。

艾森豪威尔的谈话艺术体现在，他善于揣摩对方的心理，从对方心理情绪入手，让自己的话融入对方的内心，这样，激起对方的情感，引发共鸣，谈话由此收到了良好的效果。

第 7 章
灵活表达，对的话表白给对的人

在与人交谈时，可以通过对方的身份、性格、神态、表情以及姿态，揣摩其内心活动，进而采取正确的表达方式。

孔子周游列国时，马跑脱后吃了路边的庄稼，庄稼的主人非常生气，将马扣留。孔子的弟子子贡能言善辩，自愿前去说情，可是他费尽了口舌，也未能将马带回来，因为他的话没有让庄稼的主人满意。

听了子贡的汇报，孔子说："你净说些大道理，人家哪能听得懂？我看还是让马夫去试试吧！"马夫见到庄稼的主人说："老伙计，我也是个庄稼人，庄稼是我们的血汗啊，所以，我当了马夫以后，也生怕马在我手里糟蹋了庄稼，因此每到庄稼地的时候，我都要特别地教训它，今天管教它的时候，打了它两鞭子，它这是和我怄气呢？你饶了它吧！"

庄稼的主人见马夫这么说，便将马还给了马夫。

《三国演义》中有这样一个故事：

马超率兵攻打葭萌关的时候，张飞主动请求出战。诸葛亮却佯装没听见，对刘备说："马超智勇双全，无人可敌，除非往荆州唤云长来，方能对敌。"一旁的张飞气呼呼地说："军师为什么小瞧我？我曾单人独骑抗拒曹操百万大军，难道还怕马超这个匹夫！"

诸葛亮说："你在当阳桥抗曹，是因为曹操不知道虚实，若知虚实，你怎能安然无事？马超英勇无比，天下人都知道，他在渭桥大战曹操，把曹操杀得割须弃袍，差一点丧命，绝非等闲之辈，就是云长来也未必能胜他。"

张飞说："我今天就去，如战胜不了马超，甘受军令！"

诸葛亮看"激将法"起了作用，便顺水推舟地说："既然你肯立军令状，便可以为先锋！"

在《三国演义》中，诸葛亮针对张飞脾气暴躁的特点，常常采用"激将法"来说服他，事实证明，这种方法很奏效。因此，说话时多揣摩对方的心理，重视别人的口味，这样就会提高一击即中的概率。

有的人喜欢讲大道理，有的人喜欢高谈阔论，有的人喜欢娓娓而谈，有的人习惯于做个倾听者，要根据不同的口味，对症下药，自然就会"药到病除"。

喜欢高谈阔论的，不妨让他尽情宣泄；性格内向，习惯于倾听的，不妨自己多说；郁闷失意的，多给予一些安慰与同情；软弱的，多给予一点鼓舞和激励；对某一个问题特别感兴趣的，可以就感兴趣的方面畅所欲言；对某一个问题不想多谈，就及时转换话题。

交谈不是一味地发泄自己的感想和情绪，而是一种双方互动的和谐交流。各种年龄、各种职业、各种地位的人都有各自不同的趣味，都有不同的语言和习惯。因此，在交谈中选择什么样的话题，采用什么样的语言和口吻自然应当有所不同。

人的心理活动总会通过不同的姿态表现出来，根据姿态的差异择题交谈，是一种高超的说话艺术，也是把话说到心窝里的技巧之一。

说话要学会顺水推舟

表达时，在发现对方的意图后，因势顺从，先巧妙地"顺"对方逻辑之"水"，引诱其深入，然后再借敌之论，顺势反驳，"推"出己方观点之"舟"，从而达到折服对方的目的。这种表达方法又叫顺水推舟法。

顺水推舟表达法往往具有出其不意、逆转词锋的效果。在运用这种技法时要注意把握住两点：

一是要"顺"得自然。"顺"即顺从对方的逻辑。这里的"顺"并非主动放弃自己的立场，而是为达到克敌制胜目的而采取的一种手段。"顺"，既是对对方攻势的一种缓冲，也是对对手的迷惑与麻痹，同时又是为下一步"推"这一逆转蓄势做准备，从而使"推舟"这一反击具有隐蔽性和突然性，达到出其不意、攻其不备的目的。这样，当自己的言辞由顺从对方逻辑而突然逆转的瞬间，才会令对手经历一个从暗自欣喜到大惑不解终至遭受当头棒喝、晕头转向的心理变化过程，从而使其陷入尴尬境地。

二是要"推"得巧妙，只有"推"得巧妙，才能起到出奇制胜的效果。可以采取下列几种方法，围绕"推"字做文章：

（1）顺应对方之词，"推"出一个与对方意思完全相反的观念，使对手"哑巴吃黄连——有苦难言"，欲辩不能。

免费公园内，一个年轻人牵着一条凶恶的狗神气活现地闲逛，路过的人无不躲着走，看到公园里的人害怕的样子，年轻人竟然开心得哈哈大笑。一旁锻炼的一个老人看不过去，就上前指责道："你这个人怎么这样，什么素质？为什么带着狗到公园来扰乱秩序？"

年轻人扮了个鬼脸，嘴里振振有词："我说老爷子，你说我干扰秩序，那你说说法律上哪一条规定不准带狗到公园里玩？"

针对年轻人的狡辩，老人据理反驳："不错，法律上确实没有不准带狗到公园玩的规定。不过，法律上难道有哪一条规定可以带狗到公园里来玩吗？年轻人，你豢养大型犬，这是危害公共安全，既没理又涉嫌犯法，还是快快把你的狗牵走吧！否则，警察来了，你吃不了要兜着走！"

这里，老人抓住对方"法律上有哪一条规定不准带狗到公园里玩"这一狡辩之词，顺势提出"法律上难道有哪一条规定准许带狗到公园里玩吗"这一命题，及时反驳，巧妙驳倒了对方近乎耍无赖的狡辩，从而伸张了正义，取得了胜利。

（2）顺应对方之词，并以此为前提"推"出一个令对方难以接受而又无法反驳的结论，使对手俯首就范。

（3）顺应对方辩词，然后对对方之词的内涵进行分析，"推"出对方之词与事实之间的悖谬之处，"以子之矛攻子之盾"，使对方束手就擒。

在一次中美作家会议上，美国诗人艾伦·金斯伯格请我国作家蒋子龙解个怪题："把一只五斤重的鸡，装进一个只能装一斤水的瓶子里，您用什么办法把它拿出来。"

蒋子龙略加思索，便回答说："您怎么放进去，我就怎么拿出

第 7 章
灵活表达，对的话表白给对的人

来。您显然是凭嘴一说就把鸡装进了瓶子，那么我就用语言这个工具再把鸡拿出来。"

金斯伯格说："您是第一个猜中这个谜语的。"

这里，蒋子龙既顺应了对方之词，假设对方"把一只五斤重的鸡'装进了'一个只能装一斤水的瓶子里"，又从对方之词中分析出对方是"凭嘴一说"就把鸡装进去的内涵，从而以其人之道还治其人之身，也用嘴一说就把鸡拿出来，折服了对方。

需要指出的是，在运用顺水推舟法时，必须处理好"顺"与"推"之间的转换关键。在这个关键处，可以巧妙地利用对方的攻势，借对方之力为我所用。"顺"对方说词之"水"，"推"出自己的观点之"舟"，从而收到"四两拨千斤"的奇效。

与领导说话要得体

在工作中,和领导存在不同意见在所难免,甚至和领导发生一些激烈的辩论也是很正常的,但是要记得与领导说话一定要得体,切不可在言语上顶撞领导,即使他的决策是错的,而你的意见百分百正确,你也要注意表达的方式。

艾利克斯在一家广告公司工作。虽然他进入公司时间不长,但是通过积极学习,很快就掌握了丰富的业务知识。因为经常提出具有独创意识的广告理念,他多次受到领导的表扬。

一天早上,艾利克斯刚刚到公司,领导急匆匆地走过来问:"昨天让你写的策划方案写好了吗?我一会儿就要用。"艾利克斯十分惊讶:"什么策划方案?你昨天什么时候要我做的?"

领导想了想,可能是自己记错了,于是就说:"汤姆公司的那个策划方案,你知道的。现在你做一下,行吗?"

"天呀,我今天忙死了,哪有时间呀?"艾利克斯叫道。

当着全公司同事的面,艾利克斯这样拒绝领导,一时间让领导非常难堪,领导很生气地说道:"那就放下手头的工作,现在、立即、马上把这个方案做好,如果在下班之前看不到完整的方案,你明天就不要来上班了。"说完转身走回办公室。

面对领导的大声训斥,艾利克斯也很恼火,对领导的背影大

第7章
灵活表达，对的话表白给对的人

声说道："怎么可能一个上午就把方案写好，方案的创新是需要时间的。简直不可理喻！"艾利克斯在后面大嚷。

这时，领导转身又走了回来，说道："好吧，你不用做这个方案了，你现在就下班了。"说完，再次转身离开，留下艾利克斯呆呆地站在那儿。

艾利克斯表达不得体，顶撞领导，这绝对是一种错误的做法。领导会认为你不认同他，不把他当上司，以后很难服从他，自然会把这样的员工请出公司。

与领导说话，不难有礼，难在得体。大多数人对于上司或领导都是非常尊重的。因此，他们在对上级领导说话时，都是很讲文明礼貌的。可以说，做到这一点不论对哪一个人来说都是很容易的，但对于他们在领导面前说出的话是否得体，是否把握了分寸，是否恰到好处，这就不是任何人都能轻易做得到的。

那么，与领导说话如何才算表达得体呢？具体地说，应注意以下几点：

1. 不媚不俗、不卑不亢

对领导要做到有礼貌、谦逊。但是，绝不要采取"低三下四"的态度。绝大多数有见识的领导，对那种一味奉承、随声附和的人，是不会予以重视的。在保持独立人格的前提下，你应采取不卑不亢的态度。在必要的场合，你也不必害怕表示自己的不同观点，只要你是从工作出发，摆事实、讲道理，领导一般是会予以考虑的。

2. 尽量适应领导的语言习惯

应该了解领导的性格、爱好、语言习惯，如有些人性格爽快、干脆，有些人习惯沉默寡言。要针对领导的喜好和语言习惯，做出合适的表达。

3. 选择适当的时机

领导每天要考虑的问题很多,你应当根据自己问题的重要与否,选择适当时机与领导对话。假如你是为个人琐事,就不要在他正埋头处理事务时去打扰他。如果你不知领导何时有空,不妨先给他写张纸条,写上问题的要点,然后请求与他交谈。或写上你要求面谈的时间、地点,请他先约定,这样,领导便可以安排时间了。

4. 表达要简明、扼要

在谈话时,要尽量将自己所要说话的内容,简练、扼要、明确地向领导汇报。如果有些问题是需要请示的,自己心中应有两个以上的方案,而且能向上级分析各方案的利弊,这样有利于领导做决断。

5. 正确对待上级的批评或指责

对上级的批评或指责,说对的地方要虚心接受;不对的地方要善于艺术地辩护。

晋文公一次用餐时,厨官献上烤肉,肉上却缠着头发。文公叫来厨官,大声责骂他说:"你存心想让我噎死吗?为什么用头发缠着烤肉?"

厨官叩响头,装着认罪,说:"小臣有死罪三条:我找来细磨刀石磨刀,刀磨得像宝刀那样锋利,切肉肉就断了,可是沾在肉上的头发却没切断,这是小臣的第一条罪状;拿木棍穿上肉块却没有发现头发,这是小臣的第二条罪状;将肉放在炽热的炉子上炙烤,肉烘熟了,可是头发竟没烧焦,这是小臣的第三条罪状。君王的厅堂里莫非有怀恨小臣的侍臣吗?"

第 7 章
灵活表达，对的话表白给对的人

晋文公说:"你讲得有道理。"于是叫来厅堂外的侍臣责问，果然发现有人想诬陷厨官，晋文公就将此人杀了。

总之，与领导说话，表达一定要得体，要根据实际情况选择合适的表达方式，不宜直来直去，要讲技巧、方式，才可能迎合领导心里，获得对方的认同。

与下属说话要和气

能否把握与下属说话的方式,对领导者塑造自己的威信是至关重要的,因为领导与下属之间的沟通基本上都是建立在口头上的。要想让下属真正地领会、欣然地接受、切实地执行自己的决策,领导者必须讲究表达的方式和艺术。

由于领导所处的地位、担负的职责,说话的分量与影响力与一般人不同,同样一句话从领导口中说出就更具有权威性与信任感,这就要求领导无论说什么都要注意语气,否则,讲话随意,甚至信口开河,都会有损自己的形象和威信,影响工作的顺利进展。

具体来说,与下属沟通,要做到以下几个方面。

1. 要仔细考虑说话内容

领导者必须认识到,自己所说的每一句话对下属来说,都代表着权威。管理层级或职衔越高,所说的话就越重要,这也是任何领导者不会轻易发表看法的原因。

领导者不仅要思考自己打算说什么,还要考虑下属会如何获得和理解信息,甚至还要想到接受者可能做出的反应,所以,领导者表达前,要仔细考虑自己的话所带来的可能影响。

2. 注意说话方式和态度

说话的方式与内容同等重要。用粗声粗气或不愉快的语气传递信息时，听者所表现出来的反应几乎总是情绪性的或是对立性的。某种程度上，领导者往往能够预料到听者也会以同样的方式做出反应。

另外，领导者还必须事先预料到下属可能做出的反应，要想到他们会提出什么反对意见？如何回答这些反对意见？总之，领导者要注意自己说话的方式和态度，力求以合适的表达方式，与下属交谈，以便取得满意效果。

领导应常以这样的口吻说话："你的意见很好，但如果换一个角度看，会怎么样？比如……""我的想法和你的想法不同，咱们交换一下意见好吗？""让我考虑一下，明天咱们再谈，好吧？"

3. 把握好分寸感

领导应注意不要把话说得过满，需要把握好分寸感。正如前文所说，由于所处的地位、担负的职责等现实原因，领导的话具有很大的权威性，一言一行都会影响到其他人，所以不能过于随意。

4. 选择好谈话地点

在传递口头信息时应该考虑的一项重要因素是，到底应该在什么地方传递信息？领导办公室是传递信息的安全场所。对于下面这些信息来说，领导者选择办公室作为交谈地点是十分恰当的：新的指示、程序的变化、需要解决的问题以及对下属进行的批评。

与同事说话要谦虚

同事是同在一个屋檐下的"战友",关系有些特别,相互之间既要团结协作,互相配合,同时,又在某些方面存在竞争,所以,将同事关系处理好很重要,但通常也不是那么容易做到的。

同事关系处理得恰到好处,同事之间就会默契配合,这既有利于工作的顺利进行,也有益于身心健康。反之,如果处理不好,同事关系紧张,不但不利于工作的开展,也无益于身心健康,所以,一定要努力处理好同事之间的关系。

与同事相处,要讲究分寸。在言谈方面,话太少不行,会被有些同事误认为不合群、孤僻、不善交往;话多了也不行,容易让别人反感,而且也容易让别人误解,所以说话一定要讲分寸,该说的,一定要说,说得到位;不该说的,一定不说,要恰到好处,适时打住。

与同事说话,无论是多听少说,还是充当谈话主角,总体上都要把握一个重要原则,那就是要谦虚。

1. 遇事商量说

工作中会遇到许多需要相互协同完成的事,这时,不要自作主张,而要多和同事商量,以取得他们在实施行动中的配合。如常说"这件事,你们看怎么办好?""大家看这样做行不行?"以确

第 7 章
灵活表达，对的话表白给对的人

定今后的行动不使他人为难。遇事常与同事商量，不自傲，不自卑，相互尊重，易达成工作中的协作。

2. 不好为人师

身为同事，地位相等，谈话中就切不可表现出高人一等的样子。如不同意同事的意见，可阐述理由，正面论述，切不可语带讥讽，好为人师。如有人常爱说"真奇怪，你怎么会有这样无聊的想法""你好好听，这件事应该这样去做！"这样的话语常表达出对他人智商的怀疑与讥讽，会伤害他人自尊，因此难以赢得合作。

3. 意见当面谈

同事间随时都可能产生矛盾，或意见相左。这时，应当面把自己的看法讲出来，以谋求相互的了解和协作，切不可背后散布消息，互相攻讦。在当面交谈时，语调要平和，用词忌尖刻，就事论事，不翻旧账，不做人身攻击。当面交换意见，有利于相互了解。

4. 聊平常的话题

人与人的交谈，有时是一种礼貌的表示，不见得有什么重要的事要商量，有什么意见要交换。这时，可以用平常而无害的话题来联络感情。如谈谈近期的天气、旅游感受以及市场菜价等。这些话题不直接指向某人，不触及"雷区"，一般来说，用作礼貌性的闲聊是适宜的话题。

总之，与同事说话一定要保持谦虚的态度，有事商量着来，有话好好说，不要意气用事，更不要颐指气使。这样就能与同事处好关系，营造和谐的工作气氛。

与朋友说话要坦诚

朋友是一种相对亲密的关系,人生没有朋友是一件很悲哀的事。朋友间的对话要体现出坦诚和真诚来,主要体现如下几方面:

1. 语出真诚

鲁迅说:"友谊是两颗心的真诚相待,而不是一颗心对另一颗心的敲打。"诚实坦率的交往是友谊的要素,无论是好是坏,表达出你的内心,不欺不瞒,就能体现出你的真情。古人常说"投桃报李",只有真诚才能换取真诚,一次假话,就可能会失去一个朋友。因此,一定要语出真诚。

2. 平等对话

不以布衣显贵区别朋友,这样的友谊会让你受益终身。梅兰芳曾学画于齐白石。后来梅兰芳声名鹊起时,齐白石却衣着平常,不被人理睬。而梅兰芳却常在公众场合恭敬地同齐白石交谈,让人惊讶不已。两人的友谊一直被传为佳话。朋友之间,平等相处,话语才会入心入耳,交谊才会长年持久。

3. 大度为怀

遇到朋友情绪激动、急不择言或分寸失度时,不要穷究到底,不依不饶,应以一种宽容海量的风度来处理,或一笑了之,或幽默而过,或直言不讳地指出其错误,然后抛诸脑后,不予深究。

如可以说："你说的话让我吃惊，完全不像朋友。不过，这也许和你今天心情太激动又喝了点酒有关系，我不放在心上，但以后别再这样。"若常与人较真、争执，必不欢而散，这样只会伤害友情。

4. 真心赞美

对朋友让你钦佩之处要真心地给予赞美，而不要敷衍了事，更不要心存嫉妒。真心赞美会使对方情绪兴奋，从而获得更深的友情。赞美不要停留在表面，要发自肺腑，给予真心赞美，这是一种心灵的欣赏与碰撞，其产生的友谊火花将无比灿烂。

5. 感受共鸣

所谓朋友，就是可以在他面前一无遮拦、敢哭敢诉的人。对于对方所叙述的事情，应设身处地表示自己也曾有过类似感受。认同对方的感受，是朋友间心灵的理解和慰藉，是一种情绪的共鸣。用言语表示你也与他一样具有相仿的态度和内心体验，才能让对方感到你与他心有灵犀，一生不渝。

6. 激活回忆

朋友间来往较多，巩固友谊，不是靠馈赠，而是靠语言。善于经营友情的人，常用回忆去激活与对方过去相交的友情，真情讲述当时的事件经过及对方的话语给自己留下的清晰生动的记忆，使对方在回忆中更加体味到现在友情的可贵。这样，朋友间的友情自然会更加牢固。

7. 语言得体

朋友之间说话要尽可能与自己的身份相符。职务与工作是社会分工不同，不应自轻自贱，也不该为此自傲，这样才能发展健康的朋友情谊。位尊，言谈却不盛气凌人；识高，却不贬他人浅薄；职低，却不自卑而谄媚。

心灵相通,言语必相谐。是朋友,就不会对心情惆怅的朋友说得意话;是朋友,就不会对志得意满的朋友说"多多提携"之类的肉麻话;是朋友,当对方请教你时就不会说一些敷衍的话;是朋友,在朋友不愿回答的问题上就应该知趣而退。

总之,要本着发自肺腑、语出真诚地与朋友交谈。朋友犯错,要耐心劝诫、开导;自己犯错,要真诚道歉,虚心接受批评,这样才会使得友情之树常青。

第 7 章
灵活表达，对的话表白给对的人

与异性说话要有尺度

性别不同，对言辞的接受程度也有差别。俄罗斯有一句谚语："男人靠眼睛来爱，女人靠耳朵来爱。"这就指出性别对于接受是有影响的。无论是言辞涉及的内容，还是言辞表达的程度、声调都如此。

在说话者言辞接受的程度上，一般说来，男士较能承受率直、干脆、粗放、量重的话语，而女士则喜欢委婉、轻柔、细腻、量轻的话语。说话者必须依据接受对象的性别选择自己的表达方式与程度。

在通常情况下，说话者如果是男士，而接受者又并非自己的妻子、恋人或关系很密切的姐妹，那么言辞就应当有尺度，在内容、方式上都要充分注意女性的接受特点。对一些可以向男士说的话，就不一定能向女士说；对一些可以向男士使用的表达方式，就不一定可以用之于女士。

例如，对于陌生或不太熟悉的女性就不宜轻率地询问她的年龄，也不应贸然询问她的家庭住址及家庭情况。即使对那些十分熟悉的女性，也切忌因某事而讪笑人家，也不能说其他女性的坏话。

对男性，说得随便一些、重一些、粗放一些，甚至偶尔带点骂辞、脏语，也无多大关系；但对女性就不能这样，并且涉及性、爱的话题，要力求回避。尤其是男女之间的个别谈话，以及开玩笑、逗趣之时，就更要注意区别使用适宜的言辞。

下面就两大类别谈谈与异性交谈时应注意的问题：

1. 以社会交往为目的的异性交谈

以社会交往为目的的异性交谈，最好的办法就是忽略性别。只有忽略了性别，才能做到自然、和谐、坦率、真诚，才能消除彼此之间的紧张心情。按照奥地利著名心理学家弗洛伊德的观点，我们在与异性交往中，往往是隐藏在心底的"性"的观念在左右和影响着彼此的正常交往和交谈。

只要你抛开了"性"，自己不心怀鬼胎，不自作多情，不是想以讨好对方为目的，那么谈话自然就会变得率真和轻松。当然，忽略性别，不等于可以不拘小节，也更不等于可以随便发泄和信口开河。过于粗俗的东西，莫说在异性之间交谈讨人嫌弃，就是在同性之间也不受人欢迎。

2. 以追求情爱为目的的异性交谈

以追求情爱为目的的异性交谈要坚持循序渐进的原则。因为与异性之间的情感是需要有一个发展过程的，如果陌生的互有好感的男女以目传情，彼此吸引，那么，即使没有第三个人做介绍，这一对陌生的男女也会在这一阶段没话找话，寻求语言交流。

起初，两人总是谈些无关紧要的事，通常是两者都共同关心的事，如谈天气、谈新闻、谈工作。在这一阶段，两个交谈者彼此防御，互相试探，这种不着边际的谈话对双方的吸引力是一个考验，因为这种闲谈不易触及心灵深处，可能使某一方不愿意继续发展交往关系。总之，追求异性的谈话要有一个试探过程，最

第 7 章
灵活表达，对的话表白给对的人

后，要合适地把爱情的"窗户纸"捅破。

捅破爱情的"窗户纸"一定要讲究表达的方法和技巧。

1. 无中生有试探关系。在单独接触的时候，假借别人之口说出自己想与对方建立恋爱关系的用意，比如说："前些日子有人看见咱俩在一起，说咱俩在谈恋爱呢（或：背后说我在勾引你呢？）我不知道我配不配与你相爱，硬是没敢承认这件事，所以，今天想起来，问问你：我能行吗？"

2. 乘机问话表明态度。在一种有多人参与的宴饮或其他娱乐场合中，借机表现自己，引起对方一定程度的好感后，乘对方高兴时表达爱慕之情。

3. 借景生情抒发感慨。假如，你有机会与对方单独相处时，看见别处有对卿卿我我的恋人相悦怡然，你可以借景生情，抒发自己的感慨，比方说："瞧，人家那一对儿，多么令人羡慕！不知咱俩能否有这样一种缘分？"

4. 用目光表达爱意。当你能够将喜欢的心情注入目光中后，再试着以目光来表达其他的感情。首先试着表现"担心"。当她（他）迟到、稍微受伤或被上司斥责时，用一种"你还好吧"的眼光看对方。而当她（他）跟其他人说话时，试着以"哼，干吗那么亲近"这种稍带嫉妒的眼光看看他。等你能够自由自在地用眼睛表达感情时，你面部的表情一定也会丰富起来，光彩照人。

当爱的"窗户纸"被捅破后，情感轨迹也就分明起来了。此后随着两个人情感的发展便可以无所不谈了。

总之，与异性谈话，要灵活机动，因人而异，因境而宜，并把握好尺度。因为只有把握好了尺度，才能和对方建立起增进交往的桥梁和纽带，从而让彼此的关系更和谐。

说服有禁忌，方式要灵活

劝导说服，是为了起到激励斗志、抚慰创伤、协调关系、导向引路的作用，就其本质而言，它是一种与人为善的美好情操，但是为什么有的人怀着一片诚意，苦口婆心地进行说服，到头来不仅得不到对方的感激，反而受到讥讽和指责呢？一个重要的原因是其表达方式僵化，犯了说服的禁忌。下面是一些常见的说服禁忌，在进行说服时，要加以注意。

1. 忌激化矛盾

大量的说服事例表明，因说服而使矛盾更加激化了的情况，主要有两类：第一类是强化了对方本来就不该有的消极情绪，从而火上浇油，扩大了事态。第二类是"引火烧身"。因表达不当，激怒了对方，使对方把全部的不满和怨恨情绪都转移到了你身上，你成了他的对立面和"出气筒"。

2. 忌急于求成

人们常说，善弈棋者，每每举一而反三。做思想工作好比下棋，也要珍视这"三步棋"的做法，要耐心细致，再三斟酌。如果条件不具备就急于求成，不瞻前顾后，总想一劳永逸，其结果往往是事倍功半，成效甚微，甚至把矛盾激化。

3. 忌反常批评

必须努力克服以下几种不正确的批评方式：①批而不评式；

②阿谀奉承式；③隔靴搔痒式；④褒贬对半式；⑤自我否定式；⑥自我吹嘘式。

以上几种不正确的批评方式，均属于说服的"败笔"。要想使说服达到转变对方态度、修正对方错误的目的，就应该正确运用批评的武器，切忌简单化和庸俗化。

4. 忌官腔官调

要克服官腔官调，主要是应该增强普通人的意识，以普通人的姿态出现在人们面前，改变那种高高在上、唯我独尊、主观武断的官僚作风以及指手画脚、发号施令的作风。还必须注意坚持实事求是的原则，慎用套话，加强语言表达能力的培养。

5. 忌空洞说教

要避免空洞说教，需从以下3个方面下功夫：①道理要入辙合拍；②思想观点要明确；③语言要朴实新颖。

6. 忌不分场合

如果不分场合，不管人前人后，指名道姓地对人进行说服，效果肯定不好，很有可能还会出现与说服者的良好动机截然相反的结果。

那么如何表达才能增强说服效果呢？

1. 迂回诱导

古代触龙说服赵太后纳谏就是一个迂回诱导的成功例子。又如，李燕杰要说服青年摘下挂在胸前的十字架，他先从《圣经》说起，以渊博的学识首先博得了青年的信任，而后再用正反两方面的例子启示青年，使他懂得了什么是真正的美，最后使青年自觉地摘下了十字架。

2. 以退为进

说服是要坚持原则的，但是如果你以为只有一直进攻决不后退才是坚持原则，这也是不妥当的。局部的后退是为了全局的进攻，适当的退让会让对方感到你是通情达理的，这为你进一步说服创造了条件。

3. 逐步递进

一个聪明的妻子要说服丈夫戒烟，先动员他把每天抽两包以上减为每天一包，之后又说服他两天抽一包，直至完全戒烟。如果期望过高，实现时困难较大，可以把它分解成几个小目标，逐步递进，这样对方容易接受，效果反而显著。

4. 正反论证

这样做，说理比较透彻、全面，可以赢得被说服者的信任。同时，也反驳了对立的观点，在逻辑上更显得无懈可击，也更具说服力。

5. 情感激励

要说服某人或某团体完成一项艰巨的任务时，情感激励法往往比一般的命令要有效得多。比如，学校决定把疏通校园角落臭水的任务交给（3）班，这项任务比一般的打扫卫生艰巨得多，（3）班学生对此不满。怎样才能说服他们呢？

你可以这样说："你们知道校方为什么要把这个艰巨的任务交给我们吗？因为我们班是全校闻名的'文明班级'，历次卫生检查都得满分。我相信，这次同学们一定也不会辜负校方的希望，能够出色地完成这个艰巨的任务！"

这样表达，容易激起学生们的自豪感，燃起他们的热情，为说服打好基础。总之，表达要灵活，不宜僵化，应在避开禁忌的同时，采用正确的表达方式，来取得满意的效果。